YOGA PARA PRINCIPIANTES

*Una Guía Integral Para Poses De Yoga
Y Una Energía Duradera*

© **Copyright 2019 por John Carter**

Todos los derechos reservados.

Este documento está orientado a proporcionar información exacta y confiable respecto al tema y los problemas cubiertos. La publicación es vendida con la idea de que el editor no está obligado a prestar servicios contables, oficialmente permitidos, o de otro tipo. Si necesita asesoramiento legal o profesional, debe consultar a una persona que ejerza la profesión.

- Desde una Declaración de Principios la cual fue aceptada y aprobada por igual por un Comité de la Asociación Americana de Abogados y un Comité de Editores y Asociaciones.

De ninguna manera es legal reproducir, duplicar, o transmitir ninguna parte de este documento ya sea por medios electrónicos o en formato impreso. La grabación de esta publicación está estrictamente prohibida y no se permite el almacenamiento de este documento a menos que cuente con el permiso por escrito del editor. Todos los derechos reservados.

La información aquí proporcionada es veraz y consistente, en el sentido de que cualquier responsabilidad, en términos de falta de atención o de otro tipo, por cualquier uso o abuso de las políticas, procesos o direcciones aquí contenidos, es responsabilidad exclusiva y total del lector. Bajo ninguna circunstancia el editor aceptará ninguna responsabilidad legal o culpa por cualquier reparación, daño o pérdida monetaria debido a la información aquí contenida, ya sea directa o indirectamente.

Los autores respectivos poseen todos los derechos de autor que no están en posesión del editor.

La información aquí ofrecida es únicamente con propósitos informativos, y es universal como tal. La presentación de la información se realiza sin contrato o ningún tipo de garantía.

Las marcas registradas son usadas sin ningún consentimiento, y la publicación de la marca registrada se realiza sin permiso o respaldo del propietario de la marca registrada. Todas las marcas y marcas registradas en este libro son solo para propósitos de aclaración y son propiedad de sus propietarios, no afiliados con este documento.

TABLA DE CONTENIDO

CAPÍTULO 1: ERASE UNA VEZ UN YOGI 5

CAPÍTULO 2: TODO COMENZO EN LA INDIA 7

CAPÍTULO 3: ¿POR QUÉ YOGA? POR QUÉ NO 13

CAPÍTULO 4: CAMINOS AL YOGA 18

CAPÍTULO 5: LO ESENCIAL: ROPA DE YOGA Y OTRAS NECESIDADES 45

CAPÍTULO 6: INHALA, EXHALA, FUNDAMENTOS DEL YOGA 50

CAPÍTULO 7: MEDITACIÓN DE YOGA 55

CAPÍTULO 8: POSTURAS DE YOGA 57

UN GIRO FINAL: CONCLUSIÓN 83

CAPÍTULO 1: ERASE UNA VEZ UN YOGI

El mundo de hoy en día está lleno de opciones para mantenerse en forma. Los métodos fitness pasan por varias fases de interés. Siempre hay una "nueva" forma de mantener el cuerpo en forma o tonificado apareciendo en el mercado. Existen los viejos ejercicios para la construcción de masa muscular involucrados en el entrenamiento de fuerza y peso. También hay otras formas que atraen a las mujeres como jazzercise, y NIA. Sin embargo, una de las constantes durante las últimas 4 décadas ha sido el yoga.

La gente recurre al yoga por muchas razones. Estas varían desde el manejo del estrés hasta la prevención de problemas de salud. El yoga es usado para ayudar a la gente a superar las adicciones. También están aquellos que deciden hacer yoga simplemente porque es "tendencia." Asisten a las clases de yoga en los estudios de yoga porque una celebridad decide respaldarlo. También existe el atractivo de lograr el "cuerpo de yoga."

El yoga se trata de lo físico – se trata de mejorar y tonificar el cuerpo. Sin embargo, el yoga también se trata del desarrollo espiritual de una persona. En realidad, el yoga es una combinación de movimientos y posiciones diseñadas para desarrollar un vínculo entre la cabeza y la consciencia. Dependiendo del tipo de yoga que elijas, y existen muchas formas, el enfoque estará en los ejercicios o posiciones (asana) o el desarrollo de la consciencia. El yoga incluye intencionalmente aspectos del desarrollo de la consciencia tanto de lo físico como de lo espiritual. Esta es una parte integral de una tradición antigua que no puede y no separa el cuerpo del espíritu/mente/alma.

Los siguientes capítulos abrirán sus puertas al mundo del yoga. Explicarán y simplificarán lo que puede convertirse en un tema complicado. La intención de este libro es exponer al principiante los diferentes aspectos del yoga. Se analizará la tipología del yoga así como sus fundamentos. Los capítulos examinarán los diferentes enfoques del yoga, así como los elementos esenciales que necesitarás practicar.

Al hacerlo, este libro le proporcionará la información necesaria para hacer que cualquier principiante se inicie en el camino correcto. Para empezar con el pie derecho, sin embargo, es necesario entender dónde se originó la práctica del yoga y las tradiciones. Como resultado, empezarás el viaje primero mirando brevemente la historia y filosofía del yoga.

CAPÍTULO 2: TODO COMENZO EN LA INDIA

El arte del yoga tiene una historia antigua y venerada. Es ciertamente uno de los sistemas de ejercicios más antiguos registrados. Al igual que muchos otros tipos de tradiciones alternativas que combinan mente y cuerpo en una sola forma, es una práctica que percibe al cuerpo y la mente como una entidad única en la búsqueda de la salud perfecta. Sin embargo, la salud perfecta es lograda únicamente mediante el reconocimiento físico y espiritual. El cuerpo debe tener equilibrio. El fundamento de esta unificación data de los orígenes del yoga en la antigua India.

HISTORIA INICIAL

La historia del yoga se puede dividir en periodos:

- Védico,
- Pre-Clásico,
- Clásico y
- Post-clásico.

Los orígenes del yoga se remontan aproximadamente hace 5,000 años en la India. El en siglo VI a.C., Siddharta Gautama recibió la iluminación a la edad de 35 años. Este fue el principio de una conexión estrecha entre el Budismo y el yoga. De hecho, el Budismo, la meditación y las posturas físicas del yoga son una parte integral de la mayoría de las prácticas.

Al principio, la tradición era oral. Los practicantes escribían y hablaban en Sánscrito dentro de las paredes de los monasterios. Los escritos sobre el yoga no aparecieron hasta hace 2,500 años. Esta mención oficial del yoga proporcionó el registro más antiguo de la catalogación de un desarrollo consciente del espíritu y cuerpo humano.

El periodo inicial del yoga se conoce como el periodo preclásico. Durante este tiempo, del año 1000 al 100 a.C, el yoga debutó en los escritos de *Bhagavad Gita* o *Canto del Señor* (que data del año 500-300 a.C). Este poema épico se refiere al yoga como una "destreza en acción," "ecuanimidad" y "equilibrio." Otra obra de este periodo fue el *Yoga Darshama* o *Yoga Sutras*. Esta obra vinculada para siempre con el legendario Pantajali y fue escrito alrededor del año 200 a.C. Esta obra y las enseñanzas de Pantajali fueron los responsables de los fundamentos del enfoque Clásico o la escuela de yoga.

La escuela de yoga Clásica se enfocaba y sigue enfocándose en las enseñanzas del *Bhagavad Gita*. Actualmente es la forma más antigua de enseñanza de yoga. Los 195 hilos (sutras) intentan estandarizar los varios enfoques a la práctica. Todos los practicantes deben seguir el Óctuple Sendero del Yoga. También es conocido como las 8 Extremidades del Yoga Clásico.

Detrás del propósito de estas 8 extremidades estaba el concepto de separación de la materia (prakati) y espíritu (purusha). Pentajali sintió que el practicante individual necesitaba separar los 2 para lograr la limpieza del espíritu.

HISTORIA DEL YOGA HASTA LA DÉCADA DE 1940

El Yoga Post-Clásico se enfoca más en el presente. Desde el siglo VII hasta el XVII, el enfoque pasó a ser no dualista. Los nuevos practicantes del Yoga no veían la separación entre el yo transcendental y la realidad trascendental o absoluta. Esto dio como resultado la creación del Yoga Hatha.

En el Reino Tailandés y en todo Asia, la práctica declinó y creció de acuerdo con el temperamento de los tiempos. Aunque permaneció vivo en varios monasterios, solo se aventuró públicamente bajo gobernantes favorable. Este fue el caso en el siglo XVIII en Tailandia bajo el reinado del Rey Rama I y más tarde en el reinado de su predecesor el Rey Rama III en el siglo XIX. Ellos mantuvieron viva la práctica del yoga mediante la construcción de estatuas representando posturas de yoga.

En el siglo XIV, el yoga empezó su migración hacia el occidente. Primero fue examinado como un enfoque filosófico oriental. Los profesores universitarios en Inglaterra durante los años 1800 lo miraron como una manifestación de la religión asiática. El enfoque estaba en sus aspectos de salud y la implementación de un régimen vegetariano o vegano. Para finales de década de 1890, estaba en camino de convertirse en parte de la vida intelectual norteamericana.

La práctica actual del yoga llegó a los Estados Unidos entre 1920 y 1924. Las restricciones en la inmigración india la ralentizaron después de 1924 hasta la década de 1930. Paul

Brunton presentó a los lectores el tema en 1934, Jiddu Krishnamurti proporcionó orientación en el yoga Jhana. Durante este periodo se le unieron Iyengar y Desikachar, por nombrar algunos.

HISTORIA DEL YOGA MODERNO

Las décadas de 1940, 1950 y 1960 vieron un mayor crecimiento en los Estados Unidos y Europa. Theo Barnard escribió su clásico sobre el tema – *Yoga Hatha: El Informe de una Experiencia Personal* en 1947. Richard Hittleman escribió *El Plan de Yoga de Veintiocho Días* en 1961. Él era discípulo de Ramana Maharashi. También fue en la década de 1960 que se produjo una gran influencia en varios maestros de yoga incluyendo a Maharishi Mahesh Yogi. Su asociación con los Beatles garantizó el interés del público.

Entre 1960 y 1980, el interés en el yoga y en sus varios enfoques se disparó. Yogi Bhajan optó por romper con el enfoque tradicional y enseñó abiertamente el Yoga Kudalini. Swami Vishnudevananda escribió el *Libro Completo Ilustrado del Yoga* mientras que Swami Satchitananda inspiró a la generación de Woodstock. El Yoga también se puso a disposición de los televidentes. Lilas Folan tenía una serie "Lilas Folan – Lilas, Yoga y Tú" que se transmitió desde 1970 hasta 1979.

A partir de 1980, más y más escuelas que enseñaban yoga se convirtieron en la norma. El yoga Hatha se convirtió en la forma más común, pero otras también incursionaron en lo que ahora es parte de una industria del fitness holístico. Sin embargo, el yoga es mucho más que el estudio de posturas del cuerpo y movimientos. Es una práctica de meditación y una forma de unificar varios aspectos de la forma humana. No es simplemente un método de tonificar el cuerpo, también es una filosofía.

FILOSOFÍA DEL YOGA

El Yoga es una práctica que permite a las personas mejorar tanto su cuerpo como su espíritu. La filosofía del yoga es dirigir a las personas en un viaje para descubrir la unidad de sus partes. Pueden hacerlo mediante la separación de los aspectos y trabajando en 1 o el otro. También podría considerar el perfeccionamiento de 1 o el perfeccionamiento del otro.

El Yoga es solo 1 de los 6 sistemas que componen la filosofía india. Es una disciplina ética. Ofrece a las personas una forma de vivir sus vidas neutralmente. La filosofía del yoga refleja fuertemente las enseñanzas budistas sobre la naturaleza de la existencia. De acuerdo con esta filosofía religiosa, el mundo es esencialmente una ilusión. Las realidades externas no son la verdad. En realidad nada existe fuera y más allá de la mente y de su estado de consciencia.

La filosofía del Yoga fomenta la unión o conexión del cuerpo mediante rituales y prácticas específicas para buscar las verdades universales y eternas. La mente usa la fina tonificación del cuerpo para hacer su salto desde el mundo mundano, inquieto y práctico hacia el reino místico, tranquilo y espiritual. El yoga calma la mente inquieta y ayuda a las personas a redirigir su energía desde las prácticas aburridas e inútiles de la vida hacia caminos productivos. Enseña a las personas a vivir una vida sin excesos, liberándolos del dolor y la pena.

La filosofía del yoga no está enfocada en obtener fuerza física. Su verdadera dirección se orienta hacia lo espiritual y metafísico. Se refiere a la fuerza interior. Al tonificar el cuerpo y perfeccionar la mente, el yoga busca y ayuda a sus practicantes a encontrar la unión entre los aspectos físico, emocional, mental e intelectual de sus vidas. Opta por crear desde un camino de vida sin armonía y propósito, hacia una vida y estilo de vida integrado, con propósito, útil e incluso noble.

CONCLUSIÓN

La historia del yoga es la de la humanidad buscando un enfoque filosófico al concepto de la unión de cuerpo y mente. Es un intento antiguo de alinear los diferentes componentes de la humanidad para crear un todo unificado. Originalmente era parte integral de una práctica religiosa, el yoga se ha convertido en una entidad separada. Existe por y para sí mismo.

Ahora el yoga es un camino espiritual así como un régimen de fitness físico. Es la unión del yo individual con el yo del universo además de un medio para estar en forma. Todos esperan algo distinto de la práctica del yoga moderno. Los practicantes ofrecen promesas tentadoras. Las escuelas se enfocan en uno de muchos aspectos. Al final, lo que los estudiantes derivan de su propia experiencia en el yoga depende de su elección de profesor y tipo de escuela. Existen muchos caminos a seguir en el yoga. El capítulo 4 tomará en consideración algunos de los mayores y algunos de los menores. Antes de eso, sin embargo, deberías considerar por qué deberías hacer yoga o por qué no.

CAPÍTULO 3: ¿POR QUÉ YOGA? POR QUÉ NO

Muchas personas diferentes buscan encontrar una respuesta en el yoga. Ya sea que busquen el significado de la vida o un cuerpo ideal, están buscando encontrar su propia solución en las prácticas. Parte de la creencia promedio de las personas en el yoga radica en los beneficios que perciben.

BENEFICIOS

Hay muchas afirmaciones hechas en nombre del yoga. Éstas varían desde la máxima unificación entre el cuerpo y las verdades universales hasta un cuerpo sano. En esencia, los beneficios esenciales del yoga radican en 2 áreas: física y espiritual. Los efectos físicos pueden ser enumerados de la siguiente manera:

- El Yoga desarrolla la fuerza física
- El Yoga tiene un efecto positivo sobre la columna vertebral
- El Yoga ofrece ejercicios especiales que pueden ayudar a varias enfermedades y problemas de salud
- Un cuerpo saludable ayuda a crear una mente sana
- Las prácticas de yoga aumentan la esperanza de vida

- El yoga fortalece todo el sistema central mediante una mejor circulación sanguínea

- El yoga reduce la presión arterial disminuyendo problemas de apoplejía y enfermedades cardiacas

- El uso de la respiración da como resultado un aumento en la capacidad pulmonar y una mayor resistencia

- Los estiramientos reducen la rigidez de los músculos mediante la liberación de ácido láctico

- El yoga puede ayudar a reducir el peso

- El yoga puede ayudar a disminuir la depresión

- El yoga también es beneficioso para tratar problemas del sistema reproductivo femenino, por ejemplo, la menopausia, el ciclo menstrual

Las afirmaciones sobre los beneficios del yoga se basan en la implementación regular de un régimen de posiciones de yoga específicos. Al estirar el cuerpo, el yoga ayuda a la persona a fortalecer la columna vertebral. Al estirar la columna vertebral también aumenta la elasticidad de la espina dorsal y otras partes del cuerpo. Esto aumenta la flexibilidad del cuerpo y ayuda a la persona a relajarse y concentrarse. Al mismo tiempo, los estiramientos reducen la rigidez y ayuda a la persona a evitar o disminuir los casos de dolor, tensión, fatiga y rigidez.

Los movimientos de yoga también aumentan el flujo de sangre. Este aumento en la circulación asegura que el cuerpo mantenga un flujo saludable mientras que mejora el sentido general de bienestar. La mejora en la circulación sanguínea también ayuda a aliviar dolores menores y es útil para ciertas condiciones de salud. En particular, el yoga puede ayudar a reducir la presión arterial mediante ejercicios de yoga que impactan, de forma positiva, en condiciones como hipertensión, apoplejías y enfermedades cardiacas.

Quizá lo mejor del yoga es su falta de efectos secundarios. El yoga estimula el alivio de problemas menores. Y lo hace en un corto periodo de tiempo. Debido a que el yoga funciona induciendo la liberación de ciertos químicos beneficiosos de manera natural en el cuerpo, no tiene efectos secundarios desagradables.

Como resultado, el yoga puede proporcionar una experiencia positiva para el cuerpo de una persona mientras le ofrece ciertos beneficios para su salud. También puede estimular el desarrollo mental y espiritual. Si un practicante decide ir más allá de las promesas físicas del yoga, podría experimentar una forma de desarrollo personal o incluso de iluminación.

- El yoga es parte de un camino filosófico. Abre la mente para explorar el mundo interior

- El yoga proporciona las herramientas básicas para un viaje interior intenso.

- El yoga se trata del empoderamiento de la persona

- El yoga también se trata del camino personal del individuo hacia la unificación con el universo

- Solo si la persona ha dominado complemente su cuerpo puede ser libre en espíritu o alma

EXEPCIONES

Ciertamente, el yoga intenta purificar tanto el cuerpo como la mente. Sin embargo, el yoga no es para todos. Hay algunos que necesitan bajar el tono de su práctica o evitar el yoga por completo. Ciertos tipos de yoga, en particular no son adecuados para todos.

El yoga en la tradición tailandesa puede parecer una cura para todo, pero no es una práctica adecuada para personas con problemas cardiacos. No es útil para personas con hipertensión. Esto es particularmente cierto si la persona planea hacer inversiones. Esto es contraproducente y puede llevar a mayores complicaciones.

Si tienes una hernia discal u osteoporosis, no practiques el yoga tailandés. Si tienes una fractura no practiques ninguna forma de yoga a menos que se haya calcificado. Las personas que padecen otros problemas óseos como discos degenerativos y enfermedades degenerativas de los huesos no son buenos candidatos para el yoga. Las asanas ponen demasiada presión sobre esos huesos frágiles.

Ciertos tipos de yoga requieren modificación. Esto es cierto en el caso de mujeres embarazadas. Una vez que alcanzan cierta etapa, las asanas de yoga requieren ser ajustadas para evitar problemas de salud. Además, los practicantes no lo recomiendan para altos niveles de estrés psicológico y emocional.

En general, recuerda esto. El yoga no es una cura para todo. Si estás enfermo, consulta al médico. Si tienes alguna duda, habla con tu médico y con un practicante de yoga calificado. Estas personas pueden ayudarte a decidir si puedes hacer yoga o no.

CONCLUSIÓN

Para muchos, los motivos para tomar el yoga son simples. Ellos quieren un cuerpo fantástico y flexible. Otros eligen esta forma de práctica corporal para alejar ciertos problemas físicos o de salud. Para otros, sin embargo, el yoga no es más que un peldaño en la escalera. Es el primer paso que los lleva al autoconocimiento. Ciertamente existen muchos motivos para tomar el yoga. Afortunadamente, los diferentes tipos de yoga actualmente ofrecen a las personas las varias respuestas que están buscando. El capítulo 4 te proporcionará los fundamentos de los tipos básicos de yoga.

CAPÍTULO 4: CAMINOS AL YOGA

Es verdaderamente posible para una persona, religiosa o atea, joven o vieja, en perfecta forma o no, física o espiritual por naturaleza, encontrar y disfrutar del yoga. Existen varios tipos diferentes que se enseñan de formas distintas y están orientados hacia diferentes objetivos. Desde lo físico hasta lo espiritual, las prácticas de yoga satisfacen las necesidades de pensadores modernos y tradicionales por igual. A continuación se presenta una mirada concisa a las ofertas actuales así como su lugar dentro del espectro de la filosofía del yoga.

TIPOLOGÍA – VISIÓN GENERAL

Algunos expertos dicen que puede dividirse en 2 tipos básicos:

- Clásico y
- post-clásico.

Otros subdividen la forma general por sus orígenes:

- Tibetano,
- Japonés y
- Chino.

Otras personas consideran que todas las corrientes del yoga moderno son una escuela del Hatha yoga. En realidad esto es cierto en el caso del Astanga Yoga, Astanga Vinyasa Yoga, Iyengar Yoga y el Kundalini Yoga. Esto no es cierto para el Bhakti Yoga que es anterior al Hatha Yoga.

Otra forma de diferenciar o clasificar el yoga es de acuerdo a su propósito. El Yoga Integral, por ejemplo, está diseñado para ayudar a la persona a desarrollar cada aspecto de su ser. El Mantra Yoga, sin embargo, se enfoca en la importancia del sonido, mientras que el Jnana Yoga se centra en la filosofía del yoga. El Kripalu Yoga hace énfasis en un enfoque determinado mientras que el Bikram Yoga se realiza en estudios calentados a 100°F con 70% de humedad. Existe un yoga para mejorar tu vida sexual y un yoga para abordar problemas de autoestima. Puedes encontrar libros de yoga para usuarios de computadora, adolescentes y niños. Existe un yoga adecuado para el carácter y propósito de cada persona.

ANANDA YOGA

Ananda Yoga es una forma clásica de yoga. Es una variación del Hatha Yoga. Los partidarios de este Ananda Yoga afirman que están devolviendo al Hatha Yoga a su naturaleza espiritual fundamental. Ellos sienten que sus movimientos se enfocan en la verdadera quintaesencia que define al yoga.

El proceso del Ananda Yoga es gentil. Las asanas (posturas de Yoga) tienen la intención de ayudar al cuerpo a buscar la armonía. Los movimientos ayudan a impulsar el flujo de energía desde el interior del cuerpo hasta el cerebro. Aquí, ayuda a crear las condiciones ideales para la meditación. Las posturas también ayudan al practicante a alinear el cuerpo. La práctica exige que se preste atención la respiración adecuada.

Para alcanzar el máximo nivel de integración y armonía de los aspectos físicos, mentales y espirituales de tu ser se requiere dedicación a las siguientes prácticas:

- El uso de Asana o posturas de yoga
- La práctica de Pranayama o técnicas de respiración especiales

ANUSARA YOGA

Anusara tiene varios significados o interpretaciones diferentes. Entre ellas se encuentran "Fluir con Gracia," "Seguir tu Corazón" y "Fluir con la Naturaleza." Anusara nació en 1997. Su fundador fue John Friend, un americano. Esta, como muchas de las formas actuales de yoga, es una variación o versión del Hatha Yoga. El enfoque filosófico encuentra su fuente en las enseñanzas Tántricas. Esto da como resultado un énfasis en los aspectos positivos de la vida así como en la alineación física.

A diferencia de muchos tipos de filosofía, el enfoque adoptado por el Ansuara Yoga sostiene y refuerza la premisa en la bondad inherente en todos los seres vivos. Esto agrega un ligero toque a las clases. Algunos se refieren al Ansura Yoga como un yoga juguetón. Sin embargo, su enfoque abierto está contenido dentro de una conformación muy estricta de los principios estrictos que rigen la alineación del cuerpo físico. Estos son llamados los Principios Universales de la Alineación.

Anusara es 1 de los varios tipos de yoga que utilizan accesorios durante la práctica. Se basa en las tres Aes: "Actitud, Alineación y Acción·. Una clase estándar es la siguiente:

- Invocación
- Asignación de un tema orientado al corazón
- Atención prestada a los Principios Universales de la Alineación
- Posturas o poses compuestas por cualquiera de las 250 posturas del Anusara Yoga
- La clase concluye con Savansana o Meditación

La práctica del Anusara Yoga tiene una intención singular. Ayudar a los estudiantes abrir sus mentes y corazones. Al hacerlo, se espera que puedan establecer una conexión completa con lo más divino que se encuentra en ellos mismos y en los demás.

ASHTANGA/ASTANGA) YOGA O ASTANGA VINYASA YOGA

El nombre de Astanga Yoga se deriva de las 8 extremidades o astangas. Ashtanga Vinyasa Yoga le debe su existencia a Tirumalai Krischnamacharya. Él desarrolló una versión de este tipo de yoga en la década de 1930. Empezó con una versión clásica del yoga y transformó las posturas clásicas en 3 secuencias estandarizadas. Estas son básica, intermedia y avanzada. Cada grupo permite a los estudiantes proceder de acuerdo a sus propias habilidades. Este Krischnamacharya enseñó su propia escuela o yogashala en Mysore hasta 1950. Se enfocaba en la exigente vinyasa o posturas conectoras para unificar el flujo desde una postura del yoga hasta otra postura del yoga mientras las ata mediante el sistema de respiración adecuado.

Dos de los más renombrados maestros vienen de esta escuela, ellos son Sri K. Pattabhi Jois, Indra Devi y B. K. S. Iyengar. Cada uno fundó una escuela de yoga. Jois se convirtió en el nuevo líder de la práctica de Astanga/Ashtanga Vinyasa Yoga. Se popularizó con el nombre de Yoga Astanga.

El Astanga Yoga es uno de los tipos de yoga físicamente más desafiantes. Es muy exigente. Aunque la meditación es un componente, el enfoque está en otro sitio. Los practicantes deben sincronizar las acciones de respiración –hacia adentro y hacia afuera, inhalando y exhalando en un patrón específico, con movimientos particulares. Estas posturas proceden en grados y complejidad del 1 al siguiente. El ritmo y complejidad de las posturas se acumulan rápidamente a medida que una acción fluye hacia la otra. Esto podría compararse a un entrenamiento ya que los movimientos tienen un impacto físico en el cuerpo. El cuerpo se calienta y expulsa las toxinas internas mediante la sudoración.

El Astanga Yoga se trata de incrementar la fuerza, Resistencia y flexibilidad. Esto hace que no sea una buena opción para principiantes. Un completo novato debe buscar en otra topología. Sin embargo, si tienes algún conocimiento básico sobre el yoga, puedes avanzar y dominar varias de las posturas demandantes, avanzado desde el nivel 1 al siguiente.

Aunque es una práctica cuestionable para los principiantes, el Astanga Yoga es ideal para los atletas. Presiona para extender los límites a medida que una serie de poses fluye hacia la siguiente. Una vez que lo ha dominado, el practicante avanza al siguiente nivel. Sin embargo, todo empieza con las mismas prácticas fundamentales. Estas incluyen:

- Mantra
- Control de la respiración usando la respiración ujjaya, mala bandha y uddiyana bandha
- Enfocando los ojos Drishtis – son 9 posibles variaciones
- La serie comienza con el Saludo al Sol
- Fluye a través de la secuencia dentro de cada una de las series
- Enfriamiento al final de cada secuencia con posees, meditación y Savansa

La combinación del enfoque, respiración y postura forman lo que se llama Tristhana. El movimiento de una serie a la siguiente ayuda al desbloqueo. Con frecuencia, el Astanga Yoga se realiza en habitaciones cálidas o calientes. Esto reduce la posibilidad de distensión muscular debido a la intensidad de la práctica. El calor de la habitación también simboliza el fuego espiritual interno o interior. A medida que el cuerpo se calienta durante la práctica del Astanga Yoga, el fuego espiritual interior quema el manto de la ilusión, fantasía e ignorancia para destruir la fuente de los problemas internos – el ego.

BHAKTI YOGA

El Bhakti Toga también es conocido como "yoga devocional." Precede al Yoga Hatha. El Yoga Bhaktri se enfoca en la entrega del propio ser a lo divino. Es una forma de yoga devocional. En algunas prácticas norteamericanas, el Bhakti Yoga se ha convertido en un ejercicio.

El practicante del Bhakti Yoga puede usar muchas formas de lograr su objetivo. De hecho, no existe una forma específica de alcanzar el máximo objetivo. Sin embargo, no importa cuál sea la posición, el uso de la meditación y visualización ayudan al practicante al trabajar en función de su objetivo principal de amor y devoción hacia el Poder Divino o el Todopoderoso. Es necesario enfocarse en la existencia de este ser. También es esencial usar la práctica para aprender cómo obtener una verdadera fe y amor y compasión por todos los seres vivos.

BIKRAM YOGA

Otro nombre para el Bikram Yoga es Yoga Caliente. Esto refleja el ambiente en el que ocurre el yoga. La práctica se realiza en una habitación con una temperatura que oscila entre 95 y 105°F. La humedad ideal debe ser de 40% mínimo. Los fundamentos detrás de la implementación de estos niveles incluyen una simulación de las temperaturas de la India, su lugar de origen, y el deseo de aumentar la flexibilidad mientras evitan lesiones. Los niveles de calor elevados también producen altos volúmenes de sudoración lo que resulta en desintoxicación. El Bikram Yoga, por lo tanto, es una práctica limpiadora y purificadora para el cuerpo.

El fundador del Bikram Yoga fue Bikram Choudhury de la India. Un excampeón nacional de la India en levantamiento de pesas, Choudhury también era discípulo de Bishnu Ghosh, el hermano del venerado autor y Yogi, Paramahansa Yogananda. Él estableció su práctica de 26 ejercicios – compuesto por asanas (posturas) y prayanas (ejercicios de respiración). Estos fueron seleccionados de las prácticas tradicionales pero se aplicaron en un sentido moderno. Bikram pasó a crear su propia escuela en la década de 1970.

El Bikram Yoga está enfocado solo en lo físico. Es difícil para los veteranos y mucho menos para los principiantes realizar los 26 ejercicios en una habitación calurosa. De hecho, algunos médicos profesionales y gurús de los ejercicios cuestionan el efecto positivo que puede tener la habitación caliente. Algunos perciben que el impacto podría ser perjudicial para ciertas personas. El Bikram Yoga es para la forma física. Requiere concentración y disciplina, y sin embargo su objetivo está puesto en lo físico en lugar del bienestar espiritual.

CHOCOLATE YOGA

El Chocolate Yoga es una versión joven. Es un niño del siglo 21. Este yoga es una variación del Hatha Yoga. Combina las técnicas del Hatha Yoga con el flujo de vinyasa. La alineación recibe atención especial.

El Chocolate Yoga se enfoca en la relajación de la mente y tonificación del cuerpo. Ayuda a fortalecer y estirar los músculos del practicante. Sin embargo el Chocolate Yoga también tiene la intención de ayudar a la mente a relajarse, descansar y recargarse. Es un yoga gentil con sus practicantes ya que cree que el usuario y el maestro deben modificar las posturas, adaptándolas a las restricciones físicas del individuo.

Para ayudar al practicante a avanzar hacia su objetivo de salud, el maestro le suministra un trozo de chocolate. Este es cacao crudo. Su propósito es ayudar a la mente y cuerpo a encontrar la felicidad y la salud.

FORREST YOGA

La fundadora del Forrest Yoga es la maestra de la costa oeste Ann Forrest. El Forrest Yoga es una forma de yoga estilo vinyasa. Se enfoca en la respiración y el trabajo abdominal. Este es el centro de cada persona. Su intención es ayudar a cada practicante a fortalecer la entidad física mientras encuentra el núcleo de la libertad en su interior. Al conectarse en con el núcleo de su ser, el practicante se vuelve centrado y más fuerte.

El Forrest Yoga usa una serie de asanas vigorosas y físicamente demandantes para lograr su objetivo. Cada pose es parte de una progresión que se vuelve cada vez más demandante. El Forrest Yoga también utiliza el calor para ayudar a eliminar las toxinas del cuerpo. La práctica trabaja con el tipo de cuerpo moderno para limpiar el cuerpo mientras libera a la persona de cualquier dolor, ansiedad y emoción. El Forrest Yoga es un yoga sanador. Sus pilares son el *Aliento, Fuerza, Integridad* y *Espíritu*.

El Forrest Yoga te ayuda a conectarte con tu núcleo – volviéndote fuerte y centrado. Utiliza el calor, la respiración profunda y secuencias vigorosas para eliminar las toxinas mediante el sudor. Las largas retenciones en las progresiones de poses te ayudan a purgar, oxigenar y rejuvenecer cada célula.

HATHA YOGA

El Hatha Yoga es un término genérico para muchos tipos de yoga físicos. Es discutiblemente, la base para una gran variedad de escuelas o tipos de yoga practicados en los Estados

Unidos y otros lugares. Es además una de las formas de yoga más conocidas y populares practicadas en los Estados Unidos. En parte, esto es resultado de su sencilla, relajada e incluso amable introducción a las poses y estilos de yoga.

El Hatha Yoga incorpora los sistemas de yoga de más alto perfil y generalmente comprendidos. Estos son

- Asanas o posturas físicas (poses o posiciones)
- Pranayama o respiración controlada o técnicas de relajación,
- Meditación o Dharana y Dhyana
- kundalini o Laya Yoga

El Hatha Yoga también usa yamas, niyamas, mudras y bandhas para obtener control sobre la presencia física o el cuerpo humano y la fuerza vital o prana.

El nombre "Hatha Yoga" está compuesto por 2 partes: Ha o Sol y Tha o Luna. Esto se enfoca en 2 aspectos separados pero relacionados que reflejan la preocupación de este sistema en aprovechar la prana o fuerza vital para alcanzar el objetivo de iluminación o autorrealización. Si un practicante puede aprovechar la fuerza vital, poniéndola firmemente bajo control, la meditación se hace muy fácil y el resultado es el despertar del yo verdadero o interior.

El Hatha Yoga es y se refiere a cualquier sistema de yoga que utilice la práctica física para trabajar hacia un objetivo espiritual. Las escuelas basadas en el Hatha Yoga incluyen el Astanga Yoga, Iyengar Yoga y Kundalini Yoga. Todos incorporan el núcleo esencial del Hatha Yoga en sus escuelas individuales. Todos encuentran el centro de sus enseñanzas en los caminos tradicionales del Hatha Yoga.

INTEGRAL YOGA – SRI AUROBINDO

Ver Yoga Purna

YOGA INTEGRAL

El Integral Yoga es una forma tradicional del yoga. Es una variación del Hatha Yoga. El Yoga integral está basado en las enseñanzas de Sri Swami Sachidananda. Él llegó a los Estados Unidos en la década de 1960. Abrió varias escuelas y estableció la base para el sistema.

El Yoga Integral sigue 6 prácticas específicas. Estas son

- Raja Yoga
- Hatha Yoga
- Bhakti Yoga
- Japa Yoga
- Kharma Yoga
- Jnana Yoga

Este yoga completo busca encontrar y revelar la unidad espiritual que existe en el Universo. Este yoga intenta producir armonía entre todos los seres vivos. Las clases de Yoga Integral tienden a seguir un conjunto de programas que incluye:

- Kirtans o cantos
- Asanas
- Pranyamas o ejercicios de respiración
- Técnicas de relajación
- Meditación silenciosa

El Yoga Integral usa todas estas técnicas para alcanzar los objetivos establecidos. Los ejercicios son suaves. Se fomenta la búsqueda del alma y el trabajo desinteresado como parte de un enfoque de vida hacia el desinterés y armonía con toda la creación.

ISHTA

El fundador de ISHTA (Ciencia Integral del Hatha y las Artes Tántricas, por sus siglas en inglés) fue Kavi Yogi Swarananda Mani Finger de Suráfrica. Él y su hijo, Alan Finger, lo crearon y luego lo popularizaron. Alan fue el responsable de introducirlo en los Estados Unidos. El ISHTA es una combinación ecléctica de las prácticas del yoga tradicional. Su intención, sin embargo, es presentar un método mediante el cual sus practicantes puedan incorporar "lo mejor del yoga" en una forma que sea adecuada para su propio camino específico.

ISHTA basa su enfoque en:

- Hatha Yoga
- Tantra Yoga
- Ayurveda

IYENGAR YOGA

El Iyengar Yoga lleva el nombre de su fundador, el maestro del yoga BKS. Iyengar. Él empezó el desarrollo de esta práctica específica hace aproximadamente 60 años. Esta es una forma tradicional o clásica de yoga – una variación del Hatha yoga. También es la forma más reconocida de este yoga.

A diferencia de muchas otras formas de yoga, el Iyengar Yoga está diseñado para principiantes. De hecho, es ideal para este propósito. Se mueve lentamente a través de las asanas, manteniendo cada posición por más tiempo y luego descansado ente ellas, respirando y meditando antes de continuar con la siguiente. Se presta una atención especial a los detalles. Cada maestro se asegura de que te des cuenta de la importancia de la consciencia del cuerpo, del ser. Esto te ayuda a alcanzar una consciencia de otras partes de tu vida. Esto puede parecer difícil, sin embargo, los diferentes niveles de dificultad se ven favorecidos por el uso de accesorios.

El Iyengar Yoga utiliza cojines, almohadas y correas. Un practicante puede apoyarse en sacos de arena, bloques y sillas. Esto ayuda a aquellos con poca flexibilidad a realizar los movimientos necesarios de forma segura. También hace lo posible para las personas con problemas de espalda y movilidad restringida. En otras palabras, el Iyengar Yoga hace que la práctica sea accesible a muchos y no solo para algunos.

El Iyengar Yoga tiene varios propósitos. Presenta los fundamentos del yoga clásico. También ayuda a tonificar los músculos, reducir o eliminar la tensión y alivia casos de dolor crónico.

JIVAMUKTI YOGA

El Jivamukti Yoga es una nueva forma de yoga. Data de 1986. Durante su estancia en Nueva York, Sharon Gannon y David Life formularon el Jivamukti Yoga, con sus vínculos con el Ashanta/Asanta Yoga. Desde entonces se ha vuelto muy popular entre las celebridades, incluyendo a Sting.

El Jivamukti Yoga es un método de práctica de asanas que comprende un entrenamiento físicamente demandante. Los elementos de canto, meditación y oración tienen una importancia particular. El Jivamakuti Yoga está compuesto por lo siguiente:

- Vinyasas
- Devoción
- Escritura de yoga
- Meditación
- Asanas
- Pranayama
- Música
- Activismo animal y político
- No violencia
- Vegetarianismo

El método del Jivamukti Yoga es una combinación de prácticas físicas intensas con una intención espiritual.

JNANA YOGA

El Jnana Yoga se refiere a "camino del verdadero conocimiento o sabiduría." Algunos lo consideran el camino más difícil. El objeto del Jnana yoga es experimentar una unidad con lo Divino o Dios. Intenta hacerlo eliminando los obstáculos. Funciona descomponiendo varias capas de ignorancia que rodean al individuo.

La filosofía del Jnana Yoga percibe que todo el conocimiento se encuentra dentro de nosotros. Practicar Jnana Yoga le permitirá al practicante alcanzar esta realidad. Al practicar el Jnana Yoga, la persona obtiene un estado de tranquilidad. Él o ella alcanza un lugar donde el autocontrol, la concentración y resistencia pueden prevalecer sobre los asuntos mundanos y materiales de la vida.

KARMA YOGA

La descripción del Karma Yoga recae abiertamente en su nombre. El Karma Yoga es el yoga de la acción. Es la dedicación a las acciones (o karma) de una persona y todo lo que implica, hacia lo Divino, el Todopoderoso o Dios. El Karma Yoga purifica el corazón enseñando a sus practicantes a actuar sin pensar para ganar fama, poder, respeto, honor o cualquier otro tipo de recompensa. Esta es una práctica desinteresada. En ella, la persona aprende a sublimar el ego.

Los componentes estándar del Karma Yoga son:

- Yama – actitud hacia el ambiente
- Niyama – actitud personal
- Asana – posturas o posiciones
- Pranayama - respiración

KALI RAY TRIYOGA

Kali Ray TriYoga es un producto de la década de 1980. Fue desarrollado por Kali Ray en los Estados Unidos. Recibe su nombre del intento del fundador en enfatizar la triple naturaleza del individuo. El TriYoga percibe que cada persona está compuesta por lo físico, mental y espiritual. El TriYoga tiene el propósito de unificar las diversas partes para crear armonía dentro y fuera.

Las secuencias del TriYoga reflejan la influencia del Kundalini Yoga. Éstas fluyen de 1 hacia la otra. Son movimientos sincronizados en los cuales lo siguiente juega un papel fundamental en todo momento:

- asana (posiciones)
- prayanayama (ejercicios de respiración rítmicos o regulados)
- Mudra (enfoque)

El TriYoga atrae a todos los niveles, condiciones físicas y edades. Su función es reducir el estrés, armonizar las partes del individuo y proporcionar energía y claridad mental.

KRIPALU YOGA

El Kripalu Yoga es el yoga de la consciencia. También es la "práctica de la voluntad." El desarrollador del Kripalu Yoga, Amrit Desai, llegó a los Estados Unidos desde la India en 1960. Empezó a enseñar el Kripalu Yoga en 1966 en Lenox, Massachusetts. Tiene como base las posturas del Hatha Yoga.

El objetivo del Kripalu Yoga es físico y psicológico. Es introspectivo en su énfasis de escuchar a tu propio cuerpo para obtener una retroalimentación antes de continuar con la siguiente postura. Esto requiere la retención de la postura por un tiempo más prolongado que las otras formas de yoga.

Cada sesión de práctica empieza con la meditación seguida de ejercicios de centrado, respiración y calentamiento. En consecuencia, el camino del Kripalu Yoga comprende:

- Aprender las posturas
- Explorar las habilidades de tu cuerpo mientras aprendes las poses
- Empezar a mantener las posturas por un periodo de tiempo más largo
- Aumentar tu concentración
- Continuar el desarrollo de tu consciencia en cuanto a cómo se siente el cuerpo
- Desarrollar un estado de meditación tranquilo a medida que fluyes subconscientemente desde un movimiento al siguiente

El Kripalu Yoga es un medio para el auto-descubrimiento así como una forma de auto-empoderamiento.

KUNDALINI

Esta forma de yoga con frecuencia es conocida como el Yoga de la Consciencia. El kundalini es literalmente el rizo del mechón de pelo. Es una serpiente enroscada en la base de la espina dorsal. La práctica del Kundalini Yoga fue mantenida en secreto hasta 1969. En ese año, Yogi Bhajan la puso al acceso del público.

El Kundalini Yoga es una práctica vigorizante. Se enfoca en el descubrimiento del prana o fuerza de vida (respiración) dentro de cada individuo. Se concentra en despertar el prana desde la base de la columna vertebral permitiéndole moverse hacia arriba. Aunque las prácticas de una asana siempre involucran al pranayama, en el Kundalini este método es esencial. El uso de asanas junto con pranayama ayuda al practicante a liberar la energía de fuerza de vida que se encuentra en la columna. Esto le ayuda a sanar el cuerpo y purificar la mente y las emociones.

Para lograrlo, los practicantes del Kundalini Yoga se mueven rápidamente desde la postura 1 a la siguiente. Hay una repetición de las posiciones pero no un mantenimiento sustentado de las asanas. Una clase típica del Kundalini Yoga involucra los siguientes métodos o elementos:

- Cantos o mantras
- Pranayama o control de la respiración
- Asanas o posiciones
- Meditación
- Movimientos de manos y dedos

MANTRA YOGA

El Mantra Yoga es el yoga del sonido sagrado o potente. En el Mantra Yoga, la repetición de ciertos sonidos ayuda a alcanzar la paz y aumentar la concentración en la meditación. Un practicante cantará mantras con propósito para ayudarle a alcanzar una meta específica. Generalmente es la liberación. Los mantras comunes son "OM," "hum," o "ram." OM es un mantra universal. También hay mantras que puedes seleccionar mediante un sueño, por elección personal o con la ayuda de un Gurú. Un mantra también puede ser tántrico o pouranic.

La repetición de un mantra es japa. Como resultado, el Mantra Yoga también puede ser Japa Yoga. Durante la práctica, el practicante puede cantar el mantra en voz alta (baikhari), en susurros o una voz suave (upanshu) o dentro de su cabeza (pouranic). Todos los métodos tienen sus ventajas y desventajas. Durante el proceso, la persona generalmente

- Se sienta en una asana con una mala (cordón de 108 cuentas) en la mano
- Recita el mantra
- Marca las cuentas con los dedos utilizando únicamente el dedo medio y el pulgar
- Las cuentas no tienen que estar visible a los demás
- El practicante puede usar vinyasa – los movimientos fluidos de una asana a otra asana

El Mantra Yoga tiene el propósito de proporcionar la liberación de los pensamientos negativos al liberar la mente para explorar esas emociones. También construye una fuente de energía para canalizar o recanalizar para el bien personal y colectivo.

MOKSHA HOT YOGA

El Moksha Hot Yoga se basa en las enseñanzas de Bikram Choudhury. Él apoyó el Hot Yoga o Bikram Yoga. El Moksha Hot Yoga es una modificación de esta forma de Yoga. Es la creación de Ted Grand y Jessica Robertson.

El Moksha significa alineación, liberación e incluso libertad. El propósito del Moksha Hot Yoga es liberar y fortalecer ciertas áreas tensas y restringidas del cuerpo. Entre ellas se incluyen los hombros y cuello, las rodillas, las caderas y la espalda baja. Lo logra mediante la ejecución de ciertas asanas en una habitación calurosa. Al mismo tiempo, las poses combinan el calor para relajar, desintoxicar y tranquilizar tanto la mente como el cuerpo.

El patrón de una sesión de Moksha Hot Yoga sigue una secuencia específica. Esta va de la siguiente manera:

- Savasana o pose corporal
- Establecimiento de propósito – generalmente mediante un tema
- Series de postura de pie
- Series de posturas en el suelo
- Savasana – postura final

El Moksha Yoga es un grupo consciente ambientalmente. Los estudios intentan ser tan amigables con la tierra o ecológicos como sea posible. Además, el Moksha Yoga tiene una consciencia social. Proporcionan Clases de Karma. Estas permiten asistir a una clase por una tarifa más baja a quienes no tienen los fondos. El dinero de ellos es destinado a varias organizaciones benéficas.

POWER YOGA

El Power Yoga es una variación del Astanga Yoga. Los primeros adaptadores del Astanga Yoga al Power Yoga, Beryl Bender Birch y Bryan Key, había estudiado con Sri K. Pattabhi Jois. Estos hombres, junto con Baron Baptiste, convirtieron al yoga en un método fitness.

El Power Yoga se trata de potencia, fuerza y músculo. También se trata de flexibilidad. Es una práctica intensa sin un método o procedimiento exacto o cross-the-board. Cada maestro y estudio siguen su propio curso. Las Asanas y pranayama siguen siendo integrales para el estudio del Power Yoga. Sin embargo, en esta adaptación, el yoga se vuelve más calisténico que un camino físico hasta la iluminación. EL ritmo es rápido y furioso sin pausas entre cada asana.

PURNA YOGA

El Purna Yoga es la creación o desarrollo de Sri Aurobindo. Él empezó el estudio del Purna o Yoga Integral en la década de 1900. Esta forma de yoga se basa en otras escuelas o tipos, pero se enfoca en la búsqueda de lo Divino. Lo físico es la herramienta mediante la cual cada individuo puede alcanzar esta síntesis.

La palabra "Purna" significa completo o total. Utiliza toda la riqueza del conocimiento del yoga para obtener una unidad de las tres partes de un humano: cuerpo, mente y alma. Siente la necesidad de alcanzar una integración de estos 3 componentes – una síntesis de varios aspectos para crear una entidad completa. El Purna Yoga intenta hacerlo mediante el uso de

- meditación – basada en el Purna
- pranayama
- asanas
- nutrición
- Filosofía Yóguica

La escuela moderna del Purna Yoga se ha adaptado a los estilos de vida modernos, sin embargo basa sus enseñanzas en los sistemas de yoga tradicionales. En el corazón de sus enseñanzas están los escritos de Sri Aurobindo. Además, los practicantes y las escuelas invocan el aspecto femenino de lo Divino – la Madre así como los Védicos, los maestros Patanjali y BKS Iynegar y varios sistemas de nutrición tradicionales y modernos. El Yoga Purna también debe mucho a los fundadores modernos, Aadil Palkhivala y Mirra.

RAJA-YOGA

Raja es la palabra para "rey". El Raja Yoga es un camino llamado con frecuencia el "Camino Real." Este sistema de Astanga yoga utiliza el concepto de las Ocho Extremidades para lograr el control mental completo. El énfasis, sin embargo, no está en lo físico sino en lo espiritual. El objetivo es que el practicante logre la liberación mediante la práctica de la meditación. La meditación tiene una importancia relevante pero para alcanzar este objetivo, es esencial controlar el cuerpo, la energía y los sentidos. Solo al hacer esto el practicante puede controlar la mente y conectarse con el "rey" interior. Al liberarlo finalmente, el individuo logra la armonía entre él mismo y el ambiente.

YOGA RESTAURATIVA

El nombre – Yoga Restauradora, describe aptly el propósito de este tipo de yoga. El fin de este tipo de yoga es relajar el cuerpo totalmente y proporcionar los medios a través de los cuales puede restaurar su energía y fuerza de vida. Para lograrlo, el practicante se acuesta en el suelo del estudio de yoga. Él o ella utiliza una variedad de accesorios para inducir a la relajación total de los músculos. Entre estos se incluyen correas, mantas, colchonetas, bloques y almohadas.

El Yoga Restaurativo es de naturaleza terapéutica. La ejecución de todas las poses es lograda a través del uso de soportes de yoga.

SIVANANDA YOGA

El Sivananda Yoga es una forma de yoga tradicional. Tiene similitudes con el Yoga Integral. El fundador fue Swami Vishnu-devananda. Él abrió el primer Centro Sivananda de Yoga Vedanta en 1959. El propósito de esta forma de yoga es ayudar al cuerpo a mantener y retener su salud.

La práctica está compuesta por 12 poses diferentes y se enfoca en 5 principios. Los puntos consisten en:

- Pranayama – ejercicios de respiración
- Asanas – posturas de yoga
- Savasana – técnica de relajación
- Dieta – vegetariana
- Vedanta y dyhana - meditación

SVAROOPA YOGA

El Svaroopa Yoga es el producto de Rama Berch (Swami Nirmalananda). El nombre significa "bendición de tu propio ser." Es una firma del Hatha Yoga. El Svaroopa Yoga está diseñado para ayudar a practicantes de todos los niveles, pero es especialmente adecuado para principiantes. Su propósito es ayudar a promover la sanación del cuerpo liberando la tensión espinal. Los movimientos en principio trabajan en la liberación del estrés a través del coxis y luego trabaja lentamente hacia arriba de la columna.

El propósito del Svaroopa Yoga es que el practicante escuche lo que el cuerpo realmente necesita. Ayuda al estudiante a enfocarse en la realidad física y a través de ella alcanzar la realidad interior.

Por lo general se usan accesorios en el Svaroopa Yoga. Estos incluyen sillas. El practicante podría además usar bloques y mantas para facilitar las poses. Estos tiene la intención de ayudar al practicante a logara el svaroopa mediante medios compasivos.

YOGA TAILANDÉS TRADICIONAL

El Yoga Tailandés Tradicional comprende 1 porción de medicina tailandesa. Otros componentes son el Masaje Tailandés y la Medicina Herbal Tailandesa. Tiene sus raíces en las prácticas de Jivaka Kumarabhacca, un amigo de Buddha. Otro término para el Yoga Tailandés Tradicional es Ruesri Dat Ton – autocura del Ermitaño.

El Yoga Tailandés Tradicional se basa en el Sistema de Energía Sen. Estos 10 canales de energía son responsables del flujo sen (energía o fuerza de vida). El uso de las posturas de yoga es para garantizar que la energía fluya libremente y en equilibrio. El Yoga Tailandés se trata del establecimiento, restauración y/o mantenimiento del equilibrio del flujo de energía en el Sen.

Este es un enfoque preventivo y terapéutico. Cada postura se combina con una técnica de respiración específica. Esto evoca y canaliza la energía. Ésta permanece en el sistema para asegurar el funcionamiento adecuado y equilibrio de la fuerza de vida.

VINIYOGA

Viniyoga es una forma de yoga terapéutica. Debe su existencia los estudios de T.K.V. Desikachar y T. Krishnamacharya. Es amable en su enfoque. Su propósito es abordar los problemas de salud de aquellos que se han lesionado o sometido a cirugía. Es un tipo de yoga muy individualizado. Se adapta para satisfacer las necesidades de cada practicante. Se adapta a sus problemas de salud y condición física, alterándose a medida que mejora y avanza en el camino hacia el bienestar.

Además de aquellos con lesiones físicas, existen otras personas que prefieren este tipo de yoga. Viniyoga es uno de los favoritos entre los adultos mayores, principiantes y personas que sufren de dolor crónico. En algunas prácticas, el Viniyoga se refiere el uso de técnicas de yoga para abordar necesidades personales, intereses y condiciones de cualquier practicante.

VINYASA YOGA

Vinyasa es un término que se refiere a la secuencia fluida de poses o posturas. Es un "movimiento sincronizado con la respiración." El Vinyasa Yoga se enfoca en este aspecto del yoga. Sus raíces se basan en las enseñanzas de Krishnamacharya. Él pasó esta forma a Pattabhi Jois. Como tal, el Vinyasa Yoga es una variación del Astanga/Ashtanga Yoga. Actualmente, el término se refiere a diferentes tipos de métodos de yoga. Sin embargo, el enfoque general permanece en la relación entre la respiración y el movimiento.

El Vinyasa Yoga es muy físico y vigorso. En la práctica, cada postura tiene una respiración específica. El maestro puede reorganizar las series de vinyasa. No son un conjunto de series constante como en el Astangai Yoga. El maestro generalmente empieza, sin embargo con el Saludo al Sol. Los más comunes son:

- Plancha
- Chatunanga
- El Perro Boca Arriba

YOGA ZEN

Existen varias forma de Yoga Zen. En el 2002, Aaron Hoopes ideó su enfoque para lo que es una práctica holística. El Yoga Zen combina la Medicina Tradicional China con las artes marciales y ciertas prácticas de yoga. Las asanas y técnicas de respiración son muy importantes para ayudar al practicante a liberar el estrés, mantener la salud física y el carácter mental y ayudar al individuo a avanzar hacia un concepto de vida Zen.

Los diferentes tipos de Yoga Zen pueden incluir

- Yoga Taoista
- Hatha Yoga
- Qigong
- Shanti Yoga
- Tai Chi
- Meditación Zen
- Estiramiento

CONCLUSIÓN

El yoga les da a las personas una amplia variedad de opciones. La selección está dirigida a aquellos que desean tonificar su cuerpo, afinar su mente o alcanzar una síntesis de unificación del cuerpo y mente. Existen diferentes formas de yoga para alcanzar y estirar a todos. La forma más comúnmente adoptada ha sido el Hatha Yoga. Es hacia este que muchos tipos de yoga modernos se vuelven para buscar los principios básicos. El siguiente capítulo considerará otro tipo de fundamentos – lo esencial necesarios para participar en el yoga y las clases de yoga.

CAPÍTULO 5: LO ESENCIAL: ROPA DE YOGA Y OTRAS NECESIDADES

El Yoga es igual que muchos otros deportes, sistemas de ejercicios y la vida misma. Requiere cierto tipo de vestimenta para que disfrutes de un entrenamiento o sesión efectiva. Al igual que con muchas otras formas de entusiasmo recreacional o de estilo de vida, la industria ha crecido a su alrededor. Ahora es posible conseguir vestimenta profesional de yoga. También existen los soportes de yoga o accesorios específicos. A continuación encontrarás una breve descripción de los diferentes tipos de accesorios y vestimenta disponibles y adecuados para el practicante de yoga.

VESTIMENTA

La vestimenta cae en varias categorías diferentes. Hay ropa formal de yoga disponible comercialmente y ropa regular. En esencia, la vestimenta se divide en 2: Las blusas y pantalones. La ropa puede variar en peso y volumen de acuerdo con el tipo de yoga y su entorno.

BLUSAS

Las blusas deben estar lo suficientemente sueltas para permitir el movimiento. Deben ser cómodas. Sin embargo, la camiseta no debe estar demasiado suelta u holgada. Si está ajustada, el instructor puede ver mejor la alineación. Opta por una blusa o camiseta sin mangas. Esto es particularmente prudente si estás practicando alguna forma de "Yoga Caliente."

El material más común y preferido es el algodón. Los materiales amigables con el ambiente lideran las listas de la mayoría de los instructores de yoga. Las fibras naturales como el algodón, lino y cáñamo están disponibles comercialmente en muchas tiendas deportivas, por departamento y tiendas especializadas.

PANTALONES

Los pantalones deben estar sueltos y nunca demasiado ajustados. Evita algo que sea demasiado lleno en la rodilla o el tobillo. Si debes hacerlo, utiliza puños elásticos para contener el material adicional. Los pantalones hasta la rodilla por ejemplo los capris, son ideales en algunos aspectos. No son demasiado largos.

Evita los cordones ajustables si te preocupa que se desajusten o se interpongan en el camino. No uses sudaderas de lana – pantalones o pantalones cortos. Los pantalones cortos podrían ser una buena elección pero si no si suben por los glúteos e interfieren con el movimiento o tu concentración.

ACCESORIOS

Existen muchos tipos de accesorios diferentes para el yoga. No todos los tipos de prácticas de yoga requieren de su uso, pero varios los necesitan. Entre los más comunes están las colchonetas, correas y pelotas. Un practicante podría querer usar una manta, almohadas o bloques. En algunos casos, el uso de una silla podría ser útil.

COLCHONETAS

Las colchonetas son el tipo de accesorios para yoga más comunes y reconocibles. Vienen en varios tamaños y están elaboradas en diferentes materiales. Los tipos más comunes son

- **Espuma**
  Son sencillas, delgadas y económicas. Las colchonetas de espuma son duraderas, vienen en una gran variedad de colores y se adhieren fácilmente a los pisos de madera. Su uso es multipropósito y son muy fáciles de lavar.

- **Fibra Natural**
  Estas colchonetas vienen de varios espesores. Son de algodón o lino. Son amigables con el ambiente y con frecuencia de color verde. Este tipo de colchonetas absorben el sudor fácilmente. Tienen muy poco o ningún olor. Lamentablemente, algunas se resbalan en los suelos de madera. Esto es un problema para la práctica del Yoga Bikram o el Yoga Caliente. Rectifica el problema usando una colchoneta antideslizante por debajo. Otro problema es la tendencia a mancharse fácilmente.

- **Goma**
  Vienen en diferentes espesores. Son fáciles de limpiar con una toalla. Están disponibles en diferentes colores y son muy duraderas. Aunque son más costosas que los demás tipos de colchonetas, las colchonetas de goma se

adhieren firmemente al suelo proporcionando una superficie firme para tu práctica.

MANTAS Y COJINES

Además de las colchonetas, el practicante podría necesitar mantas. Generalmente estas se pliegan para colocar debajo de las rodillas o son usadas para dar soporte a la cabeza. Un cojín también puede realizar esta función. Tanto las mantas como los cojines son utilizados para proporcionar un soporte adicional. Ellos ayudan al practicante facilitar las diferentes posiciones o aumentar el nivel de comodidad de los principiantes y las personas con lesiones.

CORREAS

Una correa de yoga es una banda larga de algodón. Es usada cuando el individuo no puede alcanzar una parte particular de su cuerpo, por ejemplo, los pies. Una correa de yoga o cinturón tiene una longitud de 6 pies y una anchura de 1.5 pulgadas. Podría o no tener un lazo. Si no la tienes o simplemente deseas usar una correa de yoga, sustitúyela con una tira de tela suave o un cinturón regular.

Hay otras 2 herramientas posibles para algunas prácticas de yoga: la pelota y la silla

SILLAS

Una silla de yoga debe ser resistente. Debe tener un asiento plano y un respaldo fuerte. No tiene y no debe tener ningún tipo de reposa brazos. Las sillas son para los tipos de yoga que requieren poses sentadas. También es usada en casos de personas recuperándose de una lesión específica o cirugía y con movilidad o flexibilidad limitada.

PELOTAS

Una pelota de yoga es utilizada para un tipo de yoga específico. Una pelota de yoga proporciona estabilidad y ayuda a mejorar varias posturas durante la práctica de yoga. Las pelotas de yoga son también pelotas de equilibrio o pelotas de ejercicios. Vienen en varios tamaños.

CONCLUSIÓN

La vestimenta y accesorios de yoga vienen en varios tamaños y precios. Pueden ser seleccionados del guardarropa y hogar de una persona. También pueden venir de una tienda por departamentos, una tienda grande o tienda especializada. Dependiendo del tipo de yoga e instructor, una persona puede o no necesitar accesorios. Casi todos los practicantes, sin embargo, necesitarán una colchoneta de yoga.

Las colchonetas, al igual que la ropa, vienen en materiales y colores diferentes. Pueden ser baratas o costosas. Algunas son ecológicas; otras no. Tu elección de ropa, colchonetas y accesorios dependerá de varios factores. Esto incluye tu situación financiera, tu nivel de devoción, la forma de yoga y tu instructor. También recae en tu gusto personal. Con la cantidad de opciones disponibles en el Mercado, deberías poder encontrar fácilmente la ropa y accesorios que son adecuados para tus necesidades y gusto.

CAPÍTULO 6: INHALA, EXHALA, FUNDAMENTOS DEL YOGA

Como vimos anteriormente, existen muchos tipos de yoga. Cada uno hace énfasis en ciertos aspectos de la práctica. Estas podrían ser las asanas, la técnica de respiración o el flujo conector entre ellas. Sin embargo, a pesar de las diferencias, existen ciertas cosas en común entre las muchas y variadas formas de yoga. A continuación encontraremos algunos fundamentos del yoga – lo que necesitas saber y entender antes de tomar yoga.

ASANAS

El término asana significa literalmente sentarse. En yoga, las asanas son las poses o posturas. Son posiciones en la que el practicante pone su cuerpo para alcanzar el objetivo de la práctica. Las asanas comprenden la 3ra extremidad del Astanga. Muchos podrían argumentar que el yoga empieza y termina con las asanas. Son elementos esenciales de muchos tipos de yoga incluyendo el Hatha Yoga y sus ramas.

Se practican varias asanas en el yoga. Algunas incluyen el Bharadvajasana (un giro asimético), el Gomukhasana (la postura cara de vaca) y la Utthita Parsvakonasana (un tonificador de los músculos abdominales). También está el Parivrtta Parsvakonasana o la postura ángulo lateral extendido.

Algunas asanas básicas incluyen el Dhanurasana o Postura del araco, el Parvatasana (Montaña), el Jatara Parivartanasana o Cocodrilo para la reducción de grasas y el estiramiento de la pelvis Supta Virasana.

En muchos tipos de yoga, las asanas se combinan con pranayama (respiración). Un ejemplo común de esto es el Saludo al Sol. Esto, como su nombre lo sugiere es un saludo al sol. Consiste en un conjunto de movimientos interconectados en una serie y vinculados mediante las técnicas de respiración.

BHAKTI

Bhakti es amor o devoción. Es la raíz de algunas formas de yoga, incluyendo Bhakti Yoga. Aquellos que optan por enfocarse en el Bhakti están eligiendo seguir un camino religioso. Es una ruta con el objeto de lograr la unión con el Absoluto.

DYHANA

Este es el término para la meditación. Comprende la 7ma extremidad del Astanga. Dyhana es una forma de control mental. Es un medio para detenerse y darse cuenta de toda la existencia mediante un estado meditativo. Es un paso en el camino hacia la Perfección.

MANTRA

Un mantra es una palabra o sonido sagrado. En el yoga, es repetido verbalmente o internamente para lograr un estado de meditación. Un mantra es una herramienta para ayudar al practicante a obtener una transformación espiritual. La palabra, sílaba o sonido generalmente es simple y corta. El mantra más conocido es OM. OM o Aum es también el más sagrado de los mantras. Cualquiera sea la elección del Mantra, siempre debe tener intención. Un practicante canta con intencionalidad.

MUDRA

Un mudra es un símbolo. En el yoga, es un gesto manual específico y simbólico (hasta mudras). Existen muchos tipos de gestos manuales. Tradicionalmente, hay 24 mudras. El yoga puede tener un número infinito.

Los Mudras de las Manos están basados en conceptos hindúes del flujo de energía y los 5 elementos. Estos son fuego, aire, éter, tierra y agua. Cada dedo de la mano representa una fuerza elemental con el poder para ayudar a conducir y dirigir el flujo de energía. El pulgar es el fuego, el dedo índice es el aire, el dedo medio es el éter, el dedo anular es la tierra y el dedo meñique es el agua.

NIYAMA

Niyama es la actitud personal del practicante. Es la segunda extremidad de la Astanga. Tradicionalmente, hay 10 Niyamas. Otros afirman que hay 5. Estos son códigos personales para vivir la vida. Incluyen

- Sauca o pureza de la mente y cuerpo
- Samtosa o satisfacción con tu destino o realidad en la vida
- Tapas o equilibrio y fuerza del ser
- Svadhyana o autoexamen
- Isvarapranidhana o la celebración de lo Espiritual o lo Divino

PRANAYAMA

Prana significa fuerza de vida o energía. Anayama significa estirar, expandir, o regular. Pranayama combina estos 2 términos para indicar el control de la respiración. Pranayama es la 4ta extremidad de Astanga. Es el control del aliento o la respiración. Generalmente funciona en estrecha relación con la práctica de Asana. Las técnicas o métodos de Pranayama varían de acuerdo con la asana así como el tipo de yoga que el practicante elige seguir. Existen 5 tipos de técnicas de respiración tradicionales:

- Respiración Alta
- Respiración Baja
- Respiración Media
- Respiración Total o Completa

También hay diferentes tipos de respiración. Estos incluyen

- Ujayyi o respiración victoriosa – respiración pulmonar completa
- Kapalabhti o aliento de fuego – una respiración de limpieza
- Nadi shodbana o respiración nasal alternativa

- Sitali Pranayam o respiración refrescante

Todas las formas y técnicas de respiración ayudan al estudiante a lograr sus objetivos dentro de la forma de yoga específica. La respiración yóguica es una ayuda para entender cómo respiramos y ayudarnos a aprovechar la fuerza vital de la respiración. Como es el caso de gran parte del yoga, la respiración debe ser consciente.

VINYASA

Vinyasa es el término usado para describir los movimientos fluidos desde el asana 1 al siguiente. Es la secuencia de asanas. Vinyasa es un movimiento sincronizado con la respiración. El término puede significar colocar en cierta manera. También es un movimiento consciente en la mayoría de las formas de yoga. Vinyasa también puede referirse a varios movimientos que comprenden una Secuencia de Saludo al Sol. Vinyasa es parte del Hatha Yoga. En el Hatha Yoga, se enfatiza este aspecto en particular.

CONCLUSIÓN

Hay muchas cosas que aprender para poder entender el yoga. La terminología básica puede ser confusa. La implementación de términos y su aplicación también puede variar dentro de las diferentes formas de yoga. Existen, sin embargo, aspectos comunes que vinculan los diferentes tipos de yoga. Ellos proporcionan un punto en común que es más fuerte que las diferencias. Entender esto, ayudará al principiante a comprender claramente los fundamentos antes de seguir avanzando en el camino.

CAPÍTULO 7: MEDITACIÓN DE YOGA

La meditación es un principio esencial en el yoga ya que contribuye a la relación y a encontrar la paz interior. La meditación funciona si re realiza adecuadamente. ¿Cómo?

Conoce tu meta.

Primero, ponte en contacto con la razón por la cual estás meditando. ¿Estás meditando únicamente para desestresarte, o para obtener una perspectiva, para concentrarte, para sanar emociones negativas, para obtener paz mental, etc.? Esto se debe a que hay muchos tipos de técnicas de meditación que pueden ayudarte a alcanzar tus objetivos.

Relájate.

Esto se refiere a relajar tu cuerpo y tu mente. No estés rígido. De la misma forma, relaja tu mente al no pensar en nada más.

Siéntate erguido.

Esto significa asumir una buena postura. Ya sea que estés meditando de pie o sentado, realmente ayuda cuando asumes una buena postura. Esto te ayudará a relajarte y meditar cómodamente.

Decide qué poses de meditación aplicar.

Existen diferentes tipos de poses de meditación que puedes aplicar en el yoga como la posición de loto, la postura egipcia, etc. Elije la que sea cómoda para ti cuando meditas.

Cierra tus ojos.

Cuando meditas en el yoga, ayuda el cerrar los ojos.
Cerrar tus ojos puede ayudarte a meditar adecuadamente ya que no podrás ver las distracciones frente a ti, y por lo tanto, tu mente puede concentrarse en la meditación.

Despeja tu mente de las vibraciones negativas.

Una vez que empiezas a meditar, puedes concentrarte adecuadamente en tu meditación si tu mente está enfocada y libre de vibraciones negativas. Enfócate solo en tu objetivo y no pienses en nada más que eso. Se positivo.

CAPÍTULO 8: POSTURAS DE YOGA

POSTURA DE YOGA 1: POSTURA DE LA MARIPOSA

El yoga se trata de la unificación de la mente y el cuerpo. El yoga nos permite fortalecer nuestra consciencia y tranquilizar nuestra mente. Al ser nuevo en el yoga, me gusta iniciar con la Postura de la Mariposa. Esta postura es especialmente útil para empezar mi día agitado.

Así es como se realiza la Postura de la Mariposa de manera correcta:

Siéntate en tu colchoneta de yoga con tu espalda recta y tus hombros alejados de tus orejas. Luego une las plantas de los pies y deja que tus rodillas caigan al suelo. Sostén tus pies o tobillos y cierra los ojos.

Trata de aplanar tus rodillas hacia el suelo para aumentar la flexibilidad de tus caderas. Enfoca tu respiración y mantén la posición hasta que te sientas relajado.

He descubierto que permitir que tu mente se tranquilice en esta posición mejorará mi enfoque en las siguientes posiciones.

Cuando comencé, mis rodillas se mantenían levantadas del suelo, pero con más práctica, he podido aumentar mi flexibilidad y abrir mis caderas.

Beneficios para la Salud de la Postura de la Mariposa:

- En los textos tradicionales está escrito que "Baddha Konasana" ayuda a destruir enfermedades y deshacerse de la fatiga extrema

- La posición de la mariposa estimula la glándula prostática y los ovarios, los órganos abdominales, los riñones y la vejiga

- También mejora la circulación general y estimula el corazón

- La postura de la mariposa alarga la ingle, los muslos internos y las rodillas

- Ayuda a aliviar la ansiedad, la depresión leve y la fatiga

- La postura de la mariposa alivia la ciática y las molestias menstruales

- Ayuda a aliviar los síntomas dolorosos de la menopausia

- La postura de la mariposa es una posición terapéutica para los pies planos, infertilidad, la hipertensión y el asma

- Se sabe que su práctica consistente hasta el final del embarazo ayuda a facilitar el parto

Consejos para Principiantes en la Postura de la Mariposa:

Algunas veces los principiantes tienen dificultad para bajar sus rodillas hasta el suelo. Si las rodillas del practicante de yoga están muy altas y la espalda redondeada, el practicante de yoga debe asegurarse de sentarse en un soporte alto (¡hasta un pie de distancia del suelo en algunos casos!)

Variaciones de la Postura de la Mariposa:

Aprende a exhalar e inclina el torso hacia adelante y entre tus rodillas. Recuerda inclinarte desde las articulaciones de la cadera, no desde la cintura.

Dobla los codos y presiona los codos hacia tus muslos internos o tus pantorrillas. Si la cabeza no descansa cómodamente en el suelo, intenta dar soporte a tu cabeza en el borde frontal de una silla.

POSTURA DE YOGA 2: ESTIRAMIENTO DEL GATO/VACA

Mi postura favorita la postura de estiramiento del gato/vaca. Trabajo en la computadora todo el día, y después de ocho horas en mi escritorio, mi espalda baja y caderas pueden estar muy tensas.

El estiramiento del gato es una posición con la que puedo contar cuando necesito ayuda para aliviar el dolor de mi espalda baja causado por trabajar todo el día en la computadora. También ayuda a alargar mi columna.

Para realizar el estiramiento del gato/vaca adecuadamente, colócate sobre tus manos y rodillas, separa tus rodillas a la altura de los hombros y coloca tus manos directamente debajo de los hombros. Al inhalar, dobla tu espalda para que la columna se curve hacia arriba.

Intenta empujar tu ombligo lejos del suelo. Cuando exhales baja tu espalda y levanta la cabeza. Arquea tu espalda y deja caer tu vientre al suelo. Esa posición ayuda a abrir tu columna y pecho.

He descubierto que si presto especial atención a mi respiración a medida que me muevo a través de esta posición específica obtengo los mejores beneficios de estos estiramientos y de esta postura. Disfruta de la posición del estiramiento del gato y la sensación de tu cuerpo abriéndose y relajándose después de un largo día.

Beneficios para la Salud de la Postura de Estiramiento del Gato/Vaca:

La postura de del Gato/Vaca estira tu cuello y torso delantero. Proporciona un masaje suave y relajante para tu vientre, columna y órganos.

Consejos para Principiantes de la Postura del Gato/Vaca:

Mientras realizas la postura de estiramiento del Gato/Vaca protege tu cuello ensanchándolo a través de los omóplatos. Asegúrate de mantener tus hombros abajo y alejados de las orejas.

Pídele a un amigo que coloque una mano entre y encima de tus omóplatos para ayudarte a activar esta área. Hazlo si te parece difícil redondear la parte superior de tu espalda.

POSTURA DE YOGA 3: EL PERRO BOCA ABAJO

La postura del Perro Boca Abajo es genial para los principiantes porque hace bombear la adrenalina y requiere la participación de cada músculo del cuerpo.

Para hacer la posición del Perro Boca Abajo, empieza con tus manos y rodillas levanta suavemente el cuerpo en el aire hasta que las manos y piernas creen una forma de V invertida.

Asegúrate de poner tus palmas planas en tu colchoneta de yoga y estirar tus dedos. Descubrí que estirar mis dedos ayuda a dar un mejor soporte a la postura y optimiza mi equilibrio.

Mantén la posición durante algunas pocas respiraciones, desde la nariz y después suéltala. También descubrí que disfruto mucho de esta posición y creo que es muy beneficiosa para los principiantes porque me ayuda a relajarme en un nivel muy profundo.

Me gusta esta posición porque es desafiante pero ofrece beneficios reales. La postura del perro boca abajo involucra a todo el cuerpo, y con frecuencia tengo que recordarme a mí misma respirar cuando me encuentro en esta posición tan placentera y relajante.

Vamos a recapitular la pose. Para empezar, colócate en una posición de mesa sobre tus manos y rodillas. Tus manos deben estar directamente debajo de tus hombros y los dedos de tus pies metidos.

Levanta tus caderas haciendo una forma de "V" alta con tu cuerpo. Mueve tu mirada hacia tus pies, relajando tu cuello. El truco de esta pose es dejar que tus piernas se relajen hasta los talones para darle soporte a tu cuerpo.

Como principiante, a menudo encuentro que esta postura puede poner mucha presión en mis muñecas. Si este es tu caso, intenta empujar tus piernas hacia tus talones y cambia tu peso mediante tus caderas. Cuando logres relajarte con esta postura, sabrás que no ya eres un principiante del yoga.

¡Yo todavía no he llegado a ese punto!

Beneficios para la Salud de la Posición del Perro Boca Abajo:

- La posición del Perro Boca Abajo mejora tu postura

- Fortalece tu columna, muñecas y brazos

- La posición del Perro Boca Abajo estira tu pecho y pulmones. También estira tus hombros y abdomen

- Ayuda a reafirmar tus glúteos

- La posición del Perro Boca Abajo estimula tus órganos abdominales

- También ayuda a aliviar algunas depresiones leves, ciática y fatiga

- La posición del Perro Boca Abajo es una forma terapéutica de combatir el asma

Consejos para los Principiantes de la Posición del Perro Boca Abajo:

Si estás realizando la posición del Perro Boca Abajo, hay una tendencia en esta pose a "colgarte" de los hombros. Esto causa que los levantes hacia tus orejas y esto en cambio pone tu cuello como una "tortuga".

En cambio, lo que debes hacer es seguir adelante y llevar tus hombros activamente lejos de tus orejas alargando hasta la parte trasera de tus axilas. Asegúrate de empujar tus omóplatos hacia tu coxis. Al mismo tiempo asegúrate de empujar las costillas laterales hacia adelante. Si necesitas ayuda para aprender esto, aquí tienes un buen consejo. Sigue adelante y levanta cada mano en un bloque.

POSTURA DE YOGA 4: POSTURA DEL NIÑO

La siguiente postura que me parece ser muy beneficiosa como un principiante de yoga. Esta postura es fantástica para estirar la espalda. Para empezar la postura del Niño, baja tu cuerpo en la colchoneta con la parte inferior descansando sobre los talones. Levanta tus manos e inclínate hacia adelante hasta que tu cabeza toque tus rodillas y tus brazos estén estirados frente a tus rodillas.

En mi opinión esta es una de la postura más importante que puedas aprender porque mantiene la espalda y torso bien estirados. Los músculos tensos hacen que el yoga sea muy difícil. La postura del Niño es una excelente postura de transición que empieza con la mesa (en cuatro patas). Me parece que esta postura puede servir como una posición de descanso si necesito concentrarme en mi respiración.

Siempre debes empezar la mesa con tus manos directamente bajo tus hombros y tus rodillas separadas a la anchura de tus hombros. Deja caer tus caderas encima de tus talones y estira tu torso hacia abajo y recto. No muevas tus manos a medida que te mueves hacia la Postura del Niño.

Esto permitirá que el estiramiento llegue hasta tus muñecas a medida que tus brazos se estiran. He descubierto que como principiante, no puedo relajarme completamente en esta posición. Si te sucede lo mismo, intenta separando tus rodillas y deja más espacio para tu abdomen. Permítete relajarte en esta posición y concéntrate en tu respiración.

Beneficios de Salud de la Postura del Niño:

La postura del Niño estira suavemente tu espina dorsal y tu ingle interior. Esto ayuda a calmar tu cerebro y también ayuda a aliviar la fatiga y el estrés.

Consejos para Principiantes de la Postura del Niño:

Si no puedes sostener fácilmente los pies con las manos entonces intenta lo siguiente. Sigue adelante y sostén cada pie con una correa de yoga. Asegúrate de que esté enroscada alrededor del arco medio.

POSTURA DE YOGA 5: PINZA DE PIE

Otra postura de transición fantástica es la Pinza de Pie. Yo uso mucho esta posición como una posición de descanso entre las posiciones de pie. Esta pose es especialmente útil para alargar la espina dorsal. Particularmente me gusta esta postura porque es buena para relajar los músculos del cuerpo después de un largo día.

Párate con tus pies ligeramente separados y tus manos a los lados. A medida que exhalas, inclínate hacia adelante desde las caderas y deja que tu torso caiga suavemente hacia adelante. Deja que tus rodillas se doblen para que puedas estirar completamente tu columna. Intenta descansar tu torso en tus muslos y lleva tus manos al suelo. Llega solamente hasta te resulte cómodo.

Como principiante, con frecuencia tengo que modificar esta postura. Yo uso un bloque para descansar mis manos, ya que soy incapaz de descansar mis manos cómodamente en el suelo.

También puedes ajustar la flexión de tus rodillas a un nivel cómodo. Esta postura es maravillosa para estirar los músculos isquiotibiales y las pantorrillas y aliviar la tensión en la espalda baja.

Beneficios de Salud de la Postura de la Pinza de Pie:

- La postura de la pinza de pie es relajante para tu cerebro y ayuda a aliviar la depresión suave y el estrés de una forma maravillosa

- Estimula tus riñones e hígado

- La postura de la Pinza de Pie ayuda a estirar tus músculos isquiotibiales, tus caderas y tus pantorrillas

- También ayuda a estirar tus rodillas y muslos

- La postura de la Pinza de Pie ayuda a mejorar tu digestión

- Ayuda a aliviar los síntomas de la menopausia

- La postura de la Pinza de Pie ayuda a reducir la ansiedad y la fatiga

- Ayuda a aliviar el insomnio y los dolores de cabeza

Consejos para Principiantes de la Postura de la Pinza de Pie:

Para ayudar a aumentar el estiramiento de la parte posterior de tus piernas, flexiona las rodillas ligeramente. Imagina que el sacro se está hundiendo profundamente en la parte trasera de tu pelvis y asegúrate de acercar el coxis a tu pubis.

Entonces contra esta resistencia, empuja tus muslos superiores hacia atrás y tus talones hacia abajo y estira nuevamente tus rodillas.

Ten cuidado de no estirar tus rodillas bloqueándolas hacia atrás (puedes intentar presionar tus manos en la parte posterior de cada una de tus rodillas para proporcionar un poco de resistencia).

POSTURA DE YOGA 6: GUERRERO UNO

Guerrero uno se trata del control. Yo trato de realizar esta postura por etapas para aumentar mi equilibrio mientras saco el mayor provecho del estiramiento. Esta postura es excelente para estirar las rodillas y estirar el cuerpo.

Coloca los pies hacia afuera con tus dedos apuntando hacia adelante. Coloca tus manos en tus caderas y gira tu pie derecho 90 grados. Deja que tu rodilla derecha le siga mientras giras el torso a la derecha. Toma un momento para encontrar el equilibrio y en la siguiente exhalación, flexiona tu rodilla derecha hasta que tu rodilla esté directamente encima de tu tobillo.

No flexiones demasiado. Apenas podrás ver tus dedos más allá de tu rodilla. Agrega otro elemento a la postura, levanta tus manos sobre tu cabeza, con las palmas juntas. Mantén esta posición durante varias respiraciones y repite con el otro lado.

Deberías sentir el estiramiento a través de tu pierna izquierda hasta tus muñecas. Me tomó algo de tiempo poder elevar las manos en esta posición. Mantener tus manos en tus caderas y tu mirada hacia adelante todavía te permitirá estirar la parte inferior del cuerpo. Continúa hasta que puedas relajarte en esta pose.

Beneficios para la Salud de la Postura del Guerrero Uno:

La postura del Guerrero estira los pulmones, pecho, hombros y cuello, ingles (psoas) y vientre. Estira tus brazos y hombros así como los músculos de la espalda. La posición de Guerrero Uno estira y fortalece tus tobillos, pantorrillas y muslos

Consejos para Principiantes de la Postura del Guerrero Uno:

Recuerda lo siguiente. Cuanto tu rodilla frontal se esté flexionando en esta posición, los principiantes de yoga tienen la tendencia a inclinar la pelvis hacia adelante, lo que levanta el coxis y comprime su espalda baja.

Ten en cuenta a medida que realizas el paso 2 de la postura del Guerrero Uno, asegúrate de levantar el pubis hacia tu ombligo y también de alargar tus cola hacia el suelo. Asegúrate de tomar en cuenta lo siguiente. A medida que flexionas la rodilla, continua levantando y bajando los dos huesos, manteniendo borde superior de la pelvis paralelo al suelo en el que estás parado.

POSTURA DE YOGA 7: POSTURA DE LA PALOMA

Esta postura de la Paloma es uno de mis estiramientos favoritos. Abre las caderas y los muslos y es una excelente forma de aliviar la tensión que puede acumularse por estar sentado todo el día. Yo sé que después de un largo día, ¡esta postura se siente muy bien!

Desde la mesa, muévete a la posición del Perro Boca Abajo. Desde allí, eleva tu pierna derecha hasta formar una línea recta con tu cuerpo. En un movimiento fluido. Lleva tu pierna derecha debajo del cuerpo, doblando la rodilla y bajando las caderas. Tu rodilla derecha debería estar cerca de tu mano derecha, con la rodilla apuntando hacia el costado.

Ambas caderas deben tocar el suelo. Puedes subir la mirada para abrir la espalda baja, o doblar tus codos hasta que estés descansando sobre tus brazos y lleva tu frente hacia el suelo. Esto profundizará el estiramiento de tus caderas. Para volver a la posición del Perro Boca Abajo, enrosca los dedos de tu pie izquierdo y presiona tus manos en la colchoneta de yoga. Levanta tus caderas y luego mueve tu pierna derecha hacia atrás para ponerla al nivel de la izquierda. Repite la postura con tu lado izquierdo.

Como principiante encuentro que no puedo conseguir que ambas caderas toquen el suelo. Si este es el caso, coloca un bloque debajo del muslo derecho para darle soporte a tu cuerpo. Si tus caderas no están a la misma altura, pondrás mucha presión en la parte baja de tu espalda.

Beneficios de Salud de la Posición de la Paloma:

La posición de la Paloma ayuda a abrir tus caderas y además la parte frontal de los muslos superiores.

Consejos para Principiantes de la Postura de la Paloma:

Lleva tus manos hacia atrás para que tu cuerpo esté vertical sobre tus caderas. No olvides respirar y presionar tus manos para sacar un poco de peso de la cadera y llevar tus caderas al mismo nivel hacia el frente de la colchoneta de yoga.

Tómate tu tiempo para hacerlo y mantén la parte frontal de tu cuerpo muy larga y muy abierta.

POSTURA DE YOGA 8: LA POSTURA DEL ÁRBOL

La postura el Árbol es una postura de equilibrio que ayuda a fortalecer tu concentración. Al principio, tuve que luchar con esta postura, pero ahora puedo mantener la posición por más tiempo.

Párate con tus pies juntos y tus manos en tus caderas. Si tienes problemas para mantener el equilibrio, haz esta postura cerca de una pared para protegerte de una caída.

Cuando estés listo, levanta tu pierna derecha del suelo y flexiona la rodilla. Toma tu tobillo derecho y coloca la planta de tu pie contra el muslo interno de la pierda izquierda. Los dedos del pie derecho deben apuntar hacia el suelo. Si es necesario, puedes modificar esta postura colocando la planta de tu pie derecho contra la pantorrilla de la pierna izquierda. No permitas que tu pie derecho descanse contra la rodilla.

Encuentra tu equilibrio, y cuando estés firme, junta tus palmas y colócalas frente al corazón. Si te es posible, levanta las manos por encima de tu cabeza. Mantén la Mirada hacia el frente.

Conserva esta posición por varias respiraciones. Luego repite con el lado izquierdo.

La postura del árbol es una postura pacífica y muy útil, no solo para mejorar el equilibrio sino también para tranquilizar tu mente y centrar tu atención. Yo todavía dejo mis manos frente al corazón, en lugar de levantarlas, ya que mi equilibrio es mejor en esta posición. Pero seguiré practicando hasta que pueda ejecutar esta postura completamente. ¡Espero que tú también sigas practicando!

Beneficios para la Salud de la Postura del Árbol:

- La postura del Árbol fortalece tus muslos, piernas, tus tobillos y tu espina dorsal

- Estira tus muslos internos y tu ingle y tu pecho y hombros

- La posición del árbol mejora el sentido del equilibrio

- También alivia la ciática y reduce los pies planos

Consejos para Principiantes de la Postura del Árbol:

Si el pie elevado tiene a deslizarse por la parte interior del muslo mientras realizas esta posición, coloca una colchoneta de yoga doblada entre el pie levantado y el muslo interno.

POSTURA DE YOGA 9: LA POSTURA DEL PUENTE

La postura del Puente abre tus hombros y pecho; fortalece tu espalda, glúteos y músculos isquiotibiales; aumenta la flexibilidad de tu columna vertebral; calma tu mente.

Todo lo que tienes que hacer es acostarte sobre tu espalda y colocar tus manos a los lados.

Flexiona las rodillas y levanta el torso lentamente. Lo más importante que debes recordar sobre esta y cualquier posición de yoga es mantener tus músculos centrales tan apretados como sea posible. Esto optimizará la efectividad de la postura de yoga.

Beneficios Terapéuticos de la Postura del Puente:

- La postura del Puente calma todo el cuerpo en general

- Alivia el estrés acumulado y las depresiones leves

- La postura del Puente reduce los dolores de cabeza, el dolor de espalda, la fatiga, el insomnio y la ansiedad

- Ayuda a aliviar los síntomas del asma así como la hipertensión/presión arterial alta.

- También ayuda a aliviar los síntomas de la menopausia, sinusitis y osteoporosis

POSTURA DE YOGA 10: LA POSTURA DE LA COBRA

La postura más desafiante de aprender para los principiantes es la postura de la Cobra. Esto se debe a la cantidad de fuerza muscular que se requiere para ejecutar esta postura adecuadamente.

Primero, te acuestas sobre tu estómago en la colchoneta con tu nariz en el suelo. Coloca las palmas de tus manos en tu colchoneta de yoga, y usando los músculos centrales, levanta la parte superior del cuerpo hasta que los brazos estén extendidos.

Esta es una postura difícil porque cada vez que la hago quiero usar mis manos para levantar el torso. Las manos son para mantener el equilibrio y dar apoyo. Los músculos centrales deben realizar el trabajo.

Beneficios para la Salud de la Postura Cobra:

- La postura Cobra ayuda a fortalecer tu columna

- Ayuda a estirar el pecho y tus pulmones.

- La postura de la Cobra también ayuda a tu abdomen y hombros

- La postura de la Cobra ayuda a reafirmar tus glúteos

- Ayuda a estimular tus órganos abdominales e incluso es buena para aliviar los niveles de estrés

- La postura de la Cobra ayuda aliviar los niveles de estrés y los niveles de fatiga

- También abre tu corazón y tus pulmones y alivia todo el cuerpo

- La postura de la Cobra ayuda a aliviar la ciática y es una forma muy efectiva y terapéutica de curar el asma

Consejos para Principiantes de la Postura de la Cobra:

Como principiante de yoga nunca debes excederte en la flexión de la espalda en esta posición. Para descubrir la altura a la que puedes llegar cómodamente para evitar tensiones en la espalda, asegúrate de levantar las manos del suelo por un momento. Si lo haces así, la altura que encuentres estará a lo largo de las extensiones de tu cuerpo.

POSTURA DE YOGA 11: LA POSTURA DEL TRIÁNGULO

La postura más desafiante de aprender para los principiantes es la postura del Triángulo. Esto se debe a la cantidad de fuerza muscular que se requiere para ejecutar esta postura adecuadamente.

Esta postura es un poco diferente en cuanto a mantener el equilibrio; los ojos deben mantenerse abiertos. Hay una gran variedad de posturas que vienen con la práctica de esta postura.

Estas incluyen reducir los efectos negativos de la ciática y el dolor de espalda, Alivia el estrés y la ansiedad, mejora el proceso de digestión, mejora el equilibrio físico y el equilibrio metal, abre y estira la columna vertebral, pecho, hombros, pantorrillas, músculos isquiotibiales, ingle y caderas. También fortalece el cuerpo, brazos, rodillas y piernas.

Esta es una postura difícil porque cada vez que la practico, quiero usar mis manos para levantarme. Los brazos son más para el equilibrio y soporte. Los músculos centrales deberían realizar la mayor parte del trabajo.

Beneficios de Salud de la Postura del Triángulo:

- La postura del triángulo ayuda a estirar tus piernas, los músculos que rodean la rodilla, las articulaciones de los tobillos, tus caderas, los músculos de la ingle, tus músculos isquiotibiales, tus pantorrillas, tu pecho, tus hombros y columna vertebral

- Fortalece tus rodillas y piernas, tus tobillos, tus oblicuos, tus abdominales y la espalda

- La postura del triángulo ayuda a estimular el funcionamiento de los músculos abdominales y también alivia tus niveles de estrés
- Mejora el estreñimiento y la digestión

- La postura del Triángulo ayuda a aliviar los síntomas de la menopausia y el dolor de espalda

CÓMO SEGUIR CON LAS POSTURAS

Durante cada sesión de yoga, yo empiezo con la postura de la montaña.

Te paras con los pies separados a la altura de la cadera y tus brazos a los lados. El punto es ponerse de pie, con el pecho erecto, para representar una montaña.

Saliendo de la postura de la montaña puedes continuar con la postura del Guerrero. Para hacer la postura del Guerrero, simplemente estira una pierna según la postura del Guerrero y flexiona la rodilla hasta que esté justo encima del talón. Lleva los brazos a los lados y mantén los brazos paralelos a la rodilla y el cuerpo.

Cada postura de yoga para principiantes tiene su beneficio. Las siete de las que acabo de hablar son las que los principiantes deberán conocer para avanzar en su entrenamiento de yoga.

Al principio, era escéptica sobre si el yoga sería un entrenamiento efectivo, después de la primera sesión estaba cansada y me sentía muy bien. El yoga libera todas las toxinas del cuerpo y te deja sintiéndote rejuvenecido y renovado.

Beneficios para la Salud de la Postura de la Montaña:

La postura de la Montaña ayuda a mejorar tu postura, pero también ayuda a fortalecer tus muslos. Es conocida por sus poderosos resultados de sanación y puede aliviar el dolor de espalda.

Consejos para Principiantes de la Postura de la Montaña:

Practica la postura de la montaña con tu espalda presionada contra la pared para que puedes sentir realmente la alineación que está ocurriendo. Si lo necesitas, también puedes usar un bloque entre tus piernas. Aprieta el bloque entre tus piernas y gira ligeramente el bloque hacia atrás para sentir el compromiso y la rotación de tus muslos.

UN GIRO FINAL: CONCLUSIÓN

El yoga es un sistema popular en la Norteamérica moderna. Es extremadamente común en los Estados Unidos. En las últimas décadas, las escuelas de Yoga, maestros y clases han estado apareciendo por todo el país. Hay varias razones para esto.

La naturaleza del Yoga es holística o individualista. Llega y se forma de muchas formas diferentes. El yoga es un método o vehículo utilizado para explorar muchas cosas. Estas varían desde el cuerpo perfecto hasta la paz interior, el autoempoderamiento hasta la unión con el ambiente o lo Divino. Si deseas dedicarte a buscar lo Sublime o Divino, hay un yoga para ti. Si quieres trabajar para obtener la calma interior – hay un yoga para ti. De hecho, posiblemente hay un tipo de yoga diseñado para satisfacer las necesidades de casi todos.

El yoga puede ser tradicional o clásico como el Hatha Yoga. Podría estar orientado al ejercicio como el Power Yoga. El yoga también involucra a sus seguidores y practicantes en la búsqueda de su significado en la vida, unidad con lo Divino o en activismo. Aunque el Hatha Yoga proporciona la esencia básica para muchas practicas norteamericanas de yoga, hay inspiraciones de otros países asiáticos. El Yoga Tailnadés y Zen Yoga son solo 2 ejemplos de un enfoque cada vez más amplio de un proceso singular.

Sin embargo, a pesar de la variedad de grupos que instan a los individuos a practicar yoga de acuerdo a sus conceptos y métodos, el yoga sigue siendo constante en su afinidad a sus orígenes. En ello, la importancia de la respiración de vida es primordial. Es solo a través de la respiración que la energía y la realidad de nuestra vida se manifiestan de manera obvia.

El yoga utiliza la respiración y todo lo que implica y simboliza. Incluso cuando es reducido a ejercicios físicos, la respiración sigue siendo importante y significativa. Cuando un practicante combina las técnica de respiración de pranayama con las asanas (movimientos, posturas, o incluso el flujo de los movimientos) y la meditación, el resultado es completo. Es tan individualista o grupal como el yoga, el practicante y el maestro lo permitan.

No es de sorprender que el yoga siga siendo popular y continúe construyendo una base sólida. Muta y se adapta con los tiempos mientras mantiene su verdad central en el núcleo. No hay sorpresas aquí. Al recurrir al yoga, algunos encuentran los medios para tonificar su cuerpo y fortalecer su centro interior; otros encuentran una forma de alcanzar una paz interior y descubrir el verdadero significado de lo espiritual.

¿Es el Yoga la forma perfecta de ejercicio y relajación?

Vamos a hacer una lista de cuál sería nuestro tipo ideal de ejercicio. Primero, debe ser lo suficientemente simple para que cualquiera pueda hacerlo, pero tiene variaciones suficientes y diferentes métodos para mantener el interés de alguien que ha estado practicando por años. Tendría que ser fácil de aprender para que la gente pudiera aprender los fundamentos rápidamente y empezar a ver los beneficios tan pronto como sea posible. Para ser una forma perfecta de ejercicio tendría que ser capaz de mantener nuestro cuerpo en buena forma por sí mismo. Ayudaría con la pérdida de peso, circulación y aumentando la fuerza de los músculos. Estimularía el sistema linfático así como el flujo sanguíneo y ayuda al cuerpo a eliminar los productos de desecho, mejorando la respuesta general del sistema inmune. También tendría beneficios que irían más allá de la salud – la agudización de la mente y una mayor sensación de bienestar y satisfacción. De forma ideal sería una forma de ejercicio que no requiere un equipo costoso y que podría ser practicado prácticamente en cualquier lugar, solo o en grupo.

Este es un conjunto de prerrequisitos bastante demandantes para una forma perfecta de ejercicios. Veamos si el Yoga cumple con estos estándares.

El yoga es una disciplina que tiene sus raíces en la India. Los documentos en los que se basa el yoga moderno tienen cientos de años de antigüedad, y los principios detrás de estos documentos fueron practicados mucho tiempo antes de eso. Es una forma de ejercicio de bajo impacto que ha sido modificado y personalizado literalmente por miles de maestros y entusiastas diferentes. Como resultado existen numerosos 'estilos' de Yoga, pero todos tienen los mismos antecedentes centrales y creencias. A lo que nos referimos como Yoga en el Occidente es generalmente el componente físico de toda una filosofía de vida que tiene sus propias creencias y códigos de éticas incorporado.

El enfoque físico del Yoga está en sus posturas y movimientos lentos que son de bajo impacto y generalmente no usan nada más que el propio cuerpo. Algunas veces se usan accesorios y soportes para ayudar al cuerpo a lograr y mantener una postura particular. Las posturas pueden variar en gran medida en su grado de dificultad e incluso la misma postura puede tener muchas etapas o niveles diferentes. El ejemplo perfecto es un estiramiento simple hacia adelante. Una persona puede ser capaz de estirarse más allá de las rodillas, otra puede alcanzar sus tobillos y alguien más podría ser capaz de tocar el suelo. Este nivel de progresión nos permite ver una diferencia física en nuestro nivel de flexibilidad a medida que practicamos el Yoga más regularmente. Y debido a que el Yoga no requiere ningún equipamiento no estamos confinados a establecer horarios de clase y podemos practicar Yoga en cualquier momento y en cualquier lugar. Incluso podemos hacer los ejercicios de respiración para despejar la mente mientras estamos trabajando en el escritorio.

El Yoga tiene algunos beneficios para la salud increíbles que derivan en una respiración controlada y un aumento del flujo sanguíneo. Los órganos del cuerpo simplemente no operan en su máxima eficiencia a menos que estén recibiendo oxígeno y los nutrientes que ellos necesitan. Los productos de desecho de nuestros músculos y órganos son eliminados por el sistema linfático. Ambos sistemas pueden desarrollar puntos de estrangulamiento y de bloqueo que serán abordadas y corregidas las posturas de Yoga. El resultado es una mejor presión arterial y regulada, un sistema inmune más eficiente y un proceso digestivo óptimo.

Debido a que los movimientos de Yoga son lentos y simples, el enfoque sobre la respiración correcta tiene un efecto mental pronunciado sobre el cuerpo. Nos proporciona una mayor capacidad de concentración, y de despejar nuestros pensamientos. Esto es una ventaja valiosa en la vida moderna y su importancia no debe ser subestimada.

Finalmente muchos entusiastas regulares del Yoga te dirán que hay un lado espiritual del Yoga, cuánto afecta esto a un individuo probablemente dependerá de sus creencias antes de que empiece a practicar Yoga, pero tal vez podría pensar en ello con mayor precisión, con una mayor comodidad y conexión con su propio cuerpo. Una mayor aceptación de sí mismo, y comodidad con tu propio ser resulta directamente en personas más felices.

Entonces, parece que el Yoga en realidad marca todas las casillas y puede ser considerado como una forma de ejercicio perfecta.

Los Efectos Y Beneficios De Los Diferentes Tipos de Yoga

Los orígenes del Yoga datan de hace unos 4000 años y están basados en las prácticas espirituales del Lejano Oriente diseñados para alcanzar la propia Naturaleza Divina. En el mundo occidental de hoy en día es visto principalmente como una forma de ejercicio aunque todas las formas de Yoga todavía se basan en las tres técnicas tradicionales del Yoga Oriental. Estos tres elementos fundamentales del Yoga son las Asanas (Sánscrito para Posturas), la Pranyama (el Sánscrito para la respiración o el control de la respiración) y la meditación. El Yoga aumenta la fuerza del tus músculos, tu flexibilidad, te ayuda a relajarte, a calmarte y centrar tus pensamientos.

Diferentes Tipos de Yoga

Raja Yoga: Esta forma de Yoga se enfoca en lograr la unificación o unidad (Samadhi) mediante las ahstangas del Yoga (Yama, Niyama etc). Se cree que cualquiera lo suficientemente competente para lograr el objetivo de Samahdi a través de este método es un Raja(Rey del Yoga). Uno de los ejemplos más famosos es Swami Vivekananda.

Bhakthi Yoga: En el Bhakthi yoga una persona busca alcanzar el máximo estado de unidad o afinación a través del poder puro de devoción y fe. El Bhakthi no se enfoca en los métodos tradicionales de pranyama, yogasnas o mudra, y en cambio predica la atención a un dios amoroso, devoción incuestionable a la voluntad de dios y compartir el amor de dios hacia la humanidad.

Jivamukti Yoga: En 1986 Sharon Gannon y David Life desarrollaron el método Jivamukti Yoga porque creían que las prácticas occidentales del Yoga tradicionales solo se enfocaban en los aspectos físicos del Yoga Oriental y no en lo espiritual.

Ananda Yoga: Esta disciplina es preparatoria para entrar en un estado de meditación. Las posturas suaves, alineación correcta del cuerpo y enfoque en la respiración se utilizan hacia el final de la preparación del Yogi para un estado de meditación.

Los Efectos del yoga

Existen varios caminos diferentes que tienen la intención de llevar a una persona a un estado más alto o la realización de Moksha (la unidad con la máxima realidad). Se refiere a una 'unidad del ser' gradual a través de una fuerte disciplina espiritual para que cada sesión de yoga subsecuente lo acerque un poco más a un estado de aceptación de sí mismo y su lugar en el universo. El ego es visto como un aspecto que limita nuestra capacidad de aceptar nuestro lugar en el universo y algo que se va atenuando gradualmente. Las Margas tradicionales de yoga, o camino a la salvación, involucraría un largo y dedicado aprendizaje de un Gurú del Yoga.

Los Beneficios del Yoga

El Yoga tiene una serie de beneficios específicos. Uno de los más conocidos y comentados es un aumento en el nivel de flexibilidad. El yoga trabajará a través de todos los grupos de músculos y garantizará un aumento en el rango de movilidad a través de la atención que presta a algunos grupos musculares que con frecuencia son pasados por alto por otros programas de ejercicios. El yoga también trabaja las glándulas internas y los órganos del cuerpo de una forma completa. Esto es una habilidad muy impresionante cuando consideramos que el Yoga puede actuar sobre las glándulas y órganos como la próstata que es poco probable que puedan recibir ninguna estimulación externa regular.

Otra ventaja del yoga es la tonificación de los músculos. El exceso de flacidez se desprende de los músculos que se han vuelto flácidos y débiles. La circulación se ve mejorada en gran medida por las posiciones de Yoga que asistirán al cuerpo a despejar los nudos y bloqueos. Esto, combinado con la valiosa habilidad de aprender a respirar adecuadamente resultan en un aumento del flujo sanguíneo hacia los órganos vitales y el en todo el cuerpo.

Yoga Para Los No Espirituales

Para muchas personas la primera imagen que les viene a la mente cuando piensan en el Yoga es un pequeño anciano con taparrabos sentado sobre un pilar de piedras con sus piernas cruzadas y sus brazos sobre las rodillas. Probablemente está cantando, tarareando o tiene una apariencia de relajación y serenidad en su rostro. No soy una persona a la que le gusta estar sentada quieta sin hacer nada y odio cada minuto que siento que he desperdiciado así que sentarme todo el día sin hacer nada no me parece atractivo. He cambiado bastante esa percepción inicial y en este artículo quiero contarte sobre el viaje personal que me enseñó los beneficios del yoga para una persona muy poco espiritual.

La primera clase de yoga a la que fui pasé mucho tiempo sentada en silencio con una expresión de aburrimiento en el rostro y pensando, "Esto es tan tonto". Escuché al instructor hablar sobre la paz interior, y la armonía y el equilibrio y la energía fluyendo a través de mi cuerpo y estuve muy cerca de no regresar de nuevo. Luego tuve suerte.

Uno de los chicos de la clase era profesor de la universidad local y me pareció un poco extraño que un profesor de biología estuviera haciendo esta cosa del Yoga espiritual. Tuve la oportunidad de hablar con él brevemente. En realidad me señaló y observó que estaba aburrida. Él me explicó que se había sentido de la misma forma cuando empezó y entonces tradujo las palabras del instructor en términos de biología y todo le pareció muy bien.

Eso me golpeó como una tonelada de ladrillos. A medida que pensaba más y más en eso pude verlo desde un punto de vista puramente científico. Por ejemplo, toma la 'energía' que fluye a través de tu cuerpo. Muchas personas se apagan cuando escuchan hablar de esta forma, pero es un componente central del Yoga. Yo sustituí 'sangre' por energía y le di una nueva mirada a todo el proceso.

Yo sé que la sangre transporta los nutrientes y oxígeno por todo el cuerpo. Yo sé que si nuestras células no reciben esos nutrientes y suplementos se debilitan y nos enfermamos. Yo sé que la gente puede enfermarse si tienen una presión arterial alta o baja. El flujo de sangre regular y saludable es claramente un factor muy importante para mantenernos sanos. Por supuesto, el Yoga fue usado por primera vez hace muchos cientos de años y aunque sería arrogante asumir que sabemos todo sobre la circulación y el flujo sanguíneo, ciertamente sabemos más de lo que sabía un campesino chino promedio en esa época. "Energía" es solamente una palabra linda que cualquiera puede entender por el flujo de sangre.

Yoga estira ciertas áreas musculares y le permite a nuestra sangre fluir más libremente y llevar los nutrientes a todas las partes del cuerpo que las necesitan. Esa es una buena explicación científica que yo estoy muy feliz de aceptar. Puedes hacer lo mismo con otros términos 'alternativos' con los que no te relacionas cuando escuchas al profesor hablar de ellos. La paz interior, unidad, tranquilidad emocional – todos son una forma muy elegantes de decir concéntrate en una cosa – tu flujo de sangre y la salud que te aporta, o tu respiración y el suplemento de vida que el oxígeno te aporta. Concéntrate solo en eso por una pequeña parte del día y haz que tu único objetivo sea estar vivo y saludable. Olvídate de lo que está pasando en la oficina porque no puedes resolverlo desde aquí. Olvídate lo que tu esposo o esposa está haciendo o si los niños están siendo intimidados en la escuela y concéntrate solamente en ser tú, estando vivo y estando sano.

Ahora se ha atribuido al estrés como un factor de gran importancia en más del 40% de los problemas médicos. El estrés, en pocas palabras, es causado por pensar demasiado. Esta práctica nos muestra cómo dejar que todas esas preocupaciones sean algo en las que podemos pensar después y dejar al cerebro libre para concentrase en realizar todas sus funciones vitales de salud.

Es extraño que a medida que hago más y más Yoga he desarrollado un lado espiritual que nunca había conocido. No es algo religioso sino un caso de reconocimiento de que mi propia salud y bienestar son importantes y dignos de ser considerados una prioridad. Si te sucede lo mismo todavía está por verse, pero si has estado posponiendo el aprendizaje de Yoga o el intentarlo debido a toda la charla espiritual puedo asegurarte que hay razones científicas detrás de esto y que si le das la oportunidad podrías sorprenderte.

"¿Conoces Tu Yoga?" El Cuestionario

Este es un breve cuestionario para ver si las ideas que tienes sobre el Yoga son correctas. Yoga es una descripción muy amplia que abarca una variedad de tipos y estilos diferentes así que las preguntas y explicaciones dadas como respuestas son igualmente amplias.

Pregunta Uno: ¿Qué es el Yoga?

a/ Un Programa de Ejercicios.

b/ Un Programa de Meditación.

c/ Un Programa de Sanación.

d/ Todas las anteriores.

Si respondiste (D) entonces tienes una idea. Buen trabajo. El Yoga puede ser cualquiera de estas cosas y con frecuencia es todas ellas a la vez. En su nivel más simple es un programa de ejercicios que, cuando se practica de manera regular aumenta la fuerza y flexibilidad en el cuerpo. Debido a la velocidad con la que se cambian las posiciones y el énfasis en el ejercicio estático, muchas clases de yoga hacen énfasis en la respiración y dirigir la energía y pensamientos a diferentes partes del cuerpo. Este aspecto del Yoga es donde se asemeja más a un programa de Meditación, aunque lo que significa exactamente la meditación en el caso individual de cada persona va a depender de él o ella. Finalmente, el Yoga es más definitivamente una forma de sanación. Te permite aumentar tu flujo sanguíneo, que transporta el oxígeno y nutrientes a todas partes del cuerpo, acelerando en gran medida la velocidad de sanación. Las acciones de estiramiento también son buenas para sanar las lesiones de los tejidos siempre y cuando se realicen en la profundidad correcta. Extender demasiado puede llevar a volver a dañar una lesión, así que es importante conocer tus límites. El Yoga también puede ser una estrategia de curación preventiva fantástica y es por eso que las clases de yoga prenatales son tan populares. Ellas preparan el cuerpo de las mueres para el parto y debido al estiramiento de músculos específicos las mujeres que practican el yoga prenatal se recuperan y se ponen en forma más fácilmente después del parto.

Pregunta Dos: ¿Los Ejercicios de Yoga son _____?

a/ Rápidos.

b/ Lentos.

c/ Estáticos.

d/ Todas las anteriores.

Generalmente el Yoga es un ejercicio estático así que (C) es tu respuesta. Sin embargo, se podría argumentar a favor de (B) porque los movimientos entre los ejercicios también son parte de la ecuación del Yoga. A menudo un ejercicio involucra un estiramiento largo y lento, empujando gradualmente un poco más allá, pero finalmente el estiramiento debe ser sostenido por una cierta cantidad de tiempo para obtener el máximo beneficio. Los programas de ejercicios rápidos se tratan de hacer que el corazón bombee la sangre, mientras que el Yoga se trata de liberar bloqueos y hacer que la sangre fluya hacia todas las partes del cuerpo. Esta diferencia es bastante importante y el elemento clave en el éxito y popularidad del Yoga.

Pregunta Tres: ¿Tienes Que Hacer Yoga En Clases?

A/ Sí.

B/ No.

La respuesta es no (B) – por supuesto que no. El Yoga puede ser algo que puede ser una actividad grupal fantástica, pero no tiene que ser así. Puedes perfectamente hacer Yoga sentado en tu habitación y nadie lo sabrá. Otras personas van al parque a hacer Yoga bajo el sol con algunos amigos. Otros hacen Yoga en el aeropuerto entre escalas. Cómo y dónde haces Yoga depende de ti. Lo que es fantástico es que no necesitas mucho espacio, y todo lo que necesitas es un poco de tiempo para trabajar en tu rutina. Además, si nadie te ve haciéndolo, nadie va a saberlo, a diferencia de ir a correr no estarás jadeando como un perro o sudando como un cerdo al final de cada sesión.

Con esto hemos llegado al final de este libro. Quiero agradecerles por elegir este libro.

Ahora que has llegado al final de este libro, primero nos gustaría expresar nuestra gratitud por elegir esta fuente en particular y tomarte el tiempo para leerlo completamente. Toda la información aquí contenida fue investigada y reunida para ayudarte a entender los principios del yoga de la forma más fácil posible.

Esperamos que lo encuentres útil y ahora puedes usarlo como una guía en cualquier momento que lo desees. También querrías recomendarlo a cualquier familiar o amigo que también pueda encontrarlo útil.

Como mencionamos en los capítulos anteriores, puedes ver exactamente cómo el yoga funciona y por qué te ayudará. Así que sigue adelante e inténtalo. Estamos seguros de que no te arrepentirás.

www.ingramcontent.com/pod-product-compliance
Lightning Source LLC
Chambersburg PA
CBHW052202110526
44591CB00012B/2052